강의 듣기의 기술 2

※ 〈강의 목록〉에 나와 있는 자료는 별책부록 CD 외에
　 QR코드를 이용해서도 다운받아 활용할 수 있습니다.

강의 듣기의 기술 2

초　 판 1쇄 발행 2018년 10월 26일
개정판 1쇄 발행 2019년　2월 28일
개정판 4쇄 발행 2023년　8월 31일

지은이 김경원·홍은실·장민정·유하라·현원숙·오문경
펴낸이 유지범
책임편집 신철호
편　 집 현상철·구남희
마케팅 박정수·김지현
외주디자인 아베끄

펴낸곳 성균관대학교 출판부
등록 1975년 5월 21일 제1975-9호
주소 03063 서울특별시 종로구 성균관로 25-2
대표전화 02)760-1253~4
팩시밀리 02)762-7452
홈페이지 press.skku.edu

ISBN　979-11-5550-321-8　 14710
　　　979-11-5550-162-7　 (세트)

잘못된 책은 구입한 곳에서 교환해 드립니다.

외국인 유학생을 위한 교양 한국어

개정판

강의 듣기의 기술 2

김경원 홍은실 장민정 유하라 현원숙 오문경 지음

성균관대학교
출판부

최근 한국 대학에서는 유학생 수가 많아짐에 따라 그들의 학업 능력에 대한 관심도 높아지고 있다. 일반 목적의 한국어와 대학에서 필요한 학문 목적의 한국어는 그 내용과 수준에 큰 차이가 있다. 유학생의 원만한 대학 생활을 위해서는 한국어 어학원에서 배웠던 일상 생활의 영위를 위한 기초적 한국어 능력만으로는 부족하다. 대학에서 이루어지는 의사소통은 격식적인 상황에서 문어 중심으로 진행되는 특징이 있기 때문이다. 또한 일반 교양 지식은 물론 전공 지식을 학습할 수 있는 수준의 한국어 능력도 필요하다. 이러한 언어 능력을 갖추지 못한다면 유학생들은 대학 생활을 제대로 영위하기 힘들다. 그리고 무엇보다도 대학에서 수학 능력을 극대화하기 위해서는 학습 언어 능력을 키우는 것이 시급하고 필수적이다.

이러한 문제의식을 바탕으로 성균관대학교 학부대학에서는 〈외국인 유학생을 위한 교양 한국어〉 시리즈를 개발하여 세상에 내놓는다. 이 교재는 유학생들이 대학의 학업을 성공적으로 수행하도록 돕는 데에 목표를 두고 있다. 대학에서 필요한 한국어 의사소통 능력과 함께 학업에 필요한 실제적인 기술들을 중심으로 구성하였으므로 학습 과정 동안 한국어 능력은 물론 학업 능력까지 자연스럽게 향상될 것으로 믿는다.

『강의 듣기의 기술 2』는 외국인 유학생들이 강의 듣기의 어려움을 극복하고 강의를 잘 듣고 이해하고, 그 내용을 요약 정리하며, 듣고 이해한 내용을 말과 글로 표현할 수 있는 능력을 기르는 데 중점을 두고 있다. 이 교재는 실제성을 높이기 위하여 대학 교양 과목과 전공 기초 과목에서 접할 수 있는 실제 강의를 오디오와 동영상 형태로 제공한다.

또한 2016년 2학기에 성균관대학교 학부대학의 한국어 집중학습 과정이 1년으로 확대되면서, 2학기용 교재의 필요성이 대두되었다. 따라서 학문 목적 한국어 듣기 교육에 대한 사회문화적 요구, 학습자의 요구, 교수자의 요구를 교재에 반영하면서 동시에 유학생들이 강의를 듣고 이해하는 능력과 이를 표현하는 능력이 실제적으로 향상되도록 교재를 구성하였다. 이는 이 교재가 학문 목적 한국어 듣기 교육에 대한 요구 분석을 필두로 역량 기반 학문 목적 듣기 교육과정과 강의 듣기 능력 향상을 위한 수업 모형에 대한 연구를 바탕으로 하였기에 가능했다. 아무쪼록 이 교재 시리즈를 통해 유학생들의 학업 능력과 한국어 능력이 향상되어 한국에서 대학 생활을 만족스럽게 즐기고, 학업 성과도 크게 거두기를 기대한다.

외국인 유학생들의 학업 능력 증진을 위해 바쁘신 가운데에서도 기꺼이 강의 촬영에 응해 주신 학부대학 유홍준 학장님을 비롯하여 한상금, 윤희용, 오광근, 배선애, 홍지영, 박현신, 김정탁, 김미리혜, 엄명용, 조연성, 신지선, 김석호, 김영세, 한옥영, 이우성, 허석문(강의 목록 순) 교수님께 진심으로 감사의 마음을 전한다.

마지막으로 교재 준비부터 집필의 전 과정에서 작업이 수월하게 진행될 수 있도록 많은 도움을 주신 교육지원팀 실무 관계자들께 감사드린다. 덧붙여 출판 일정, 삽화, 교열 교정까지 꼼꼼하게 점검해 주신 성균관대학교 출판부 관계자 여러분께도 감사드린다.

2018년 10월
공동 저자 대표 김경훤

　『강의 듣기의 기술 2』는 대학 강의를 수강하는 외국인 유학생들의 강의 청해 능력 향상을 목적으로 한 『강의 듣기의 기술 1』의 심화 과정이다. 『강의 듣기의 기술 2』는 강의를 듣고 이해하는 능력뿐만 아니라 듣고 이해한 내용을 말이나 글로 표현하는 능력을 함양하는 것을 목적으로 한다. 이 교재에서 제공하고 있는 듣기 자료들은 교양 과목과 전공 기초 과목의 실제 대학 강의로 구성되어 있어, 외국인 유학생들은 이를 통해 교양 및 전공 지식을 쌓고 학습 기술을 익힐 수 있을 것이다.

　『강의 듣기의 기술 2』는 전체 20과로, 기본 단계에 해당하는 1~3과, 심화 단계에 해당하는 4~20과로 구성하였다. 1과부터 3과는 기본 단계로서 강의를 듣고 이해한 후, 이해한 내용을 글이나 말로 표현하는 일련의 단계를 경험하는 것을 목표로 한다. 그러므로 1과부터 3과까지는 한 개의 강의 듣기 자료에 집중하여 ‘ 생각 열기 – 강의 듣기 ❶ – 학업 능력 키우기 ’로 단원을 구성하였다. 특히 글로 표현하는 시험 답안 작성 활동에 익숙해지도록 1과는 듣고 이해한 내용을 전달하는 글쓰기, 2과는 듣고 이해한 내용을 실제 사례에 적용하는 문제 해결형 글쓰기, 3과는 듣고 이해한 내용을 순차적으로 기술하는 글쓰기로 구성하였다. 이를 통해 시험 답안을 작성하는 기본적인 글쓰기 능력을 함양할 수 있도록 고안하였다.

　4과부터 20과는 심화 단계로서 강의 주제에 대한 심층적인 이해와 표현을 목표로 두었다. 각 과마다 강의 듣기 자료 2개를 제공하였으며 듣기 자료를 중심으로 ' 순으로 단원을 구성하였다. 우선 기초 전공 주제와 관련된 개념을 정의하고, 강의 전체 내용 구조를 파악하고, 강의 내용을 종합적으로 정리하고 추론하는 등의 활동을 통해 기초 전공에 대한 배경 지식을 쌓고 이를 토대로 강의 내용을 재구성하여 표현하는 연습을 할 수 있도록 구성하였다.

각 단원별 세부 내용은 아래와 같다.

생각 열기

- 강의 듣기에 필요한 배경 지식을 활성화시키는 단계이다.
- 단원의 주제와 관련된 내용을 미리 이야기해 보도록 하였다.

강의 듣기

- 강의 주제에 대해 미리 알아보는 '준비하기', 강의 음성 자료를 들으며 빈칸을 채우며 강의 내용을 이해하는 '내용 파악하기', 강의 동영상 자료를 보며 강의 내용을 메모하는 '강의 내용 필기하기'로 구성된다.
- 두 개의 강의 자료로 구성된 4과부터 20과에서 강의 듣기 ❶ 은 개괄적 내용을 다루는 짧은 강의를 위주로 구성하였으며, 강의 듣기 ❷ 는 강의 듣기 ❶ 과 연계하여 심화된 내용을 다루는 강의로 구성하였다.

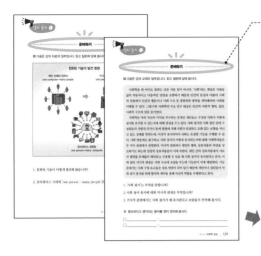

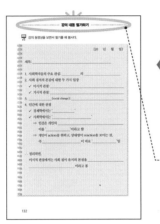

- 강의를 듣기 전에 강의 주제에 대해 알아보는 단계이다.
- 강의용 슬라이드나 강의 교재 중에서 내용을 부분적으로 제시하여 강의 내용과 핵심 용어를 미리 알아볼 수 있도록 하였다.

- 강의를 들으며 강의 내용을 파악하는 단계이다.
- 빈칸 채우기를 통해 강의 전체 내용을 이해하고, 세부 내용을 파악해 볼 수 있도록 하였다.

- 강의를 보며 노트 필기하며 듣고 이해한 내용을 확인하는 단계이다.
- 주제에 대한 이해 수준을 심화할 수 있도록 하였다.

학업 능력 키우기

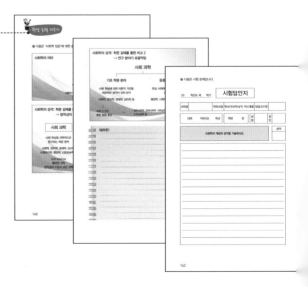

- 강의 듣기를 통해 알게 된 정보, 듣고 이해한 내용 등을 바탕으로 말하기(발표하기)나 쓰기(시험 답안 작성하기) 등과 연계할 수 있는 과제 활동을 제시하였다.
- '발표하기'는 대학에서 전공 관련 발표에 익숙해지도록, '시험 문제 풀기'는 대학에서 사용되는 시험지에 답안을 작성해 봄으로써 시험 환경에 익숙해지도록 하였다.

목차

제1과 다양한 가족의 이해

'가족'의 개념에 대해 생각해 봅시다. 그리고 그림에 제시된 사람들을 '가족'이라고 볼 수 있을지 이야기해 봅시다.

가족

혈연 입양 결혼 계약

부부 부부와 자녀 조부모와 손자 다문화 가정

서로 다른 나라에 사는 가족

◇◇◇◇◇◇◇◇◇◇◇◇◇◇◇◇◇◇◇◇◇◇◇ **준비하기** ◇◇◇◇◇◇◇◇◇◇◇◇◇◇◇◇◇◇◇◇◇◇◇

▣ 다음은 강의 교재의 일부입니다. 읽고 질문에 답해 봅시다.

　전통적으로 가족은 부모와 자녀의 관계, 즉 혈연으로 구성된 모습을 하고 있었기에 가족은 일반적으로 "혈연, 입양, 결혼으로 연결된 두 명 이상의 사람들로 구성되고, 장기적 헌신과 역할 수행을 통해 친밀감과 애정, 유대감을 유지하며 공동의 삶을 영위하는 집단"이라고 정의되었다. 그러나 사회 변화에 따라 다양한 형태의 가족이 등장하면서 가족의 개념을 다시 정립할 필요성도 대두되고 있다.

　가족의 형태는 다양한데, 자발적 무자녀 가족, 한부모 가족, 재혼 가족, 분거 가족, 다문화 가족, 조손 가족, 공동체 가족, 입양 가족 등이 있다. 이들의 의미를 간단히 살펴보면, 먼저 자발적 무자녀 가족은 부부의 뜻에 따라 자녀를 갖지 않는 가족을 말한다. 맞벌이를 하면서 아이는 낳지 않는 딩크족(DINK족, Double Income No Kid족)이 여기에 속한다. 다음으로 한부모 가족은 사망, 이혼, 별거 등의 사유로 부모 중 한 사람과 그 자녀로 구성된 가족을 말한다. 그리고 재혼 가족은 배우자 한쪽이나 양쪽이 과거에 결혼한 경험이 있는 가족을 말한다. 다문화 가족은 국적이 다른 남녀가 결혼하여 형성된 가족을 통칭하며, 조손 가족은 조부모와 손자녀가 함께 사는 가족을 말한다.

　이 외에 분거 가족이 있다. 분거 가족은 가족 구성원이 함께 살지 않고 다른 지역에 거주하는 비동거 가족을 의미하는데, 세계화, 교통과 통신의 발달, 자녀의 학업, 개인주의의 확산, 직업적 성취, 자아실현의 추구 등으로 인해 등장하게 되었다. 정치, 경제, 문화 등의 방면에서 국가 간 교류가 빈번해지면서 세계화가 되어 가족이 서로 다른 나라에 사는 가족들이 등장했다. 교통과 통신 수단이 발달하면서 가족이 떨어져 있어도 서로 쉽게 방문하거나 연락할 수 있게 되었다. 그리고 자녀의 더 나은 미래를 위해 다른 지역에서 학교를 다니도록 하는 가정도 많아졌다. 또한 개인주의가 퍼지면서 집단보다 개인의 가치를 중시하게 되었으며, 자신의 능력을 최대한 발휘하려는 자아실현 추구의 욕구가 높아지면서, 가족과 함께 살지 않고 따로 사는 사람들이 늘어났다.

지금까지 살펴본 바와 같이 급격한 사회 변화와 사람들의 가치 변화에 따라 다양한 형태의 가족이 생겨났다. 우리는 이러한 가족의 변화를 자연스럽게 수용하고 다양성을 인정할 필요가 있다. 외형적으로는 생소하더라도 가족 구성원 간 서로 존중하고 각자 자신의 역할을 잘 수행하고 있다면 '건강가족(healthy family)'이다. 건강가족은 건전가족(sound family), 기능적 가족(functional family), 강한 가족(strong family)으로 불리기도 하는데, 건강가족이란 가족원 개개인의 건강한 발달을 도모하고, 가족원 간의 상호작용 - 의사소통, 의사결정 과정, 스트레스 대처 방안 - 이 원만하여 집단으로서의 가치 체계를 공유하고, 친족이나 사회 체계와도 원활하게 상호작용을 하는 가족을 의미한다. 즉 건강가족은 가족의 형태가 아니라 기능에 의해 결정된다. 이처럼 다양한 가족 유형을 적극적으로 수용하는 패러다임의 전환이 필요하다.

1. 가족의 개념은 무엇입니까?

2. 분거 가족은 어떠한 이유로 발생했습니까?

3. '건강가족'이란 무슨 뜻입니까?

○ 중요하다고 생각되는 용어를 찾아 정리해 봅시다.

☐ _____ : _____
☐ _____ : _____
☐ _____ : _____

🎧 강의를 들으며 빈칸을 채워 봅시다.
1-1

1. 가족이란 (   )으로 연결된 두 명 이상의 사람들로 구성되고,
   (   )을 통해 친밀감과 애정, 유대감을 유지하며
   (   )을 영위하는 집단이다.

2. (   ) 같은 경우에는 (   )이 아니라 어떠한 (   )을
   가지고 그러니까 혼인, 혈연에 기반을 둔 기존의 가족의 틀을 벗어나서 함께
   하는 (   )이다.

3. 한부모 가족은 과거에는 '(   )이다'라는 말을 썼다. 편부모라고 해
   서 모자람, 이런 (   )을 낳는다고 해서 '한부모 가족이다'라는 용
   어를 쓰기 시작했다. 그래서 '한'이라는 뜻은 '하나'라는 의미 외에 '크다',
   '가득하다', '온전하다'라는 뜻이 함께 포함되어 있다…. (   )은
   (   ) 등의 사유로 부모 중 한 사람과 그 자녀로 구성된 가족을
   이야기한다.

4. 재혼 가족은 (   )이나 양쪽이 과거에 (   )이 있는 가족
   으로 자녀가 있을 수도 있고 자녀가 없을 수도 있다.

5. 분거 가족은 (   )에 따라 새롭게 나타나고 있는 (   )
   로서 부부가 동거하지 않고 다른 지역에 거주하는 (   )이다.

6. 부부 중심에서 자녀와 함께하는 (   )이 증가하면서 (   )에
   중점을 둬서 부부가 따로 떨어져서 사는 경우들이 많다.

7. 다문화 가족은 (   )이 다른 남녀가 결혼하여 (   )된 가족을 의미한다. 흔히 한국인과 외국인이 결혼한 경우를 통칭한다. 우리나라에서는 다문화 가족의 (   )를 해 보니 2015년에 (   ) 중 다문화 가족이 1.3%를 차지하고 있었다.

8. 이제 (   )를 있는 그대로 받아들이고 다양한 가족 유형을 (   )하는 그런 (   )이 요구되는 시대이다⋯. 이 틀이라는 것은 사물에 대해서 보는 (   )이기도 하다.

9. 여기에서 포인트(point)는 뭐냐 하면 틀 밖에서 생각을 하자⋯. 그래서 (   )하자라는 거고 내가 갖고 있는 틀을 벗어나서 생각해 보자. 다양한 가족에 대한 (   )을 개선하려면, 우리가 갖고 있는 생각들을 (   )하려면 틀을 벗어나서 생각해야 된다.

10. 가족의 (   )에 중점을 두는 것이 아니라⋯. 자발적 무자녀 가족, 한부모 가족, 재혼 가족, 조손 가족 등 (   )를 갖는다 하더라도 가족원 간에 서로 존중하면서 그리고 사랑과 (   )을 나누면서 가족이 (   )하고 있다면 (   )이다.

🖥 강의 동영상을 보면서 필기를 해 봅시다.
1-2

[20　년　월　일]

제목: _____

1. 가족의 개념: _____으로 연결된 _____로

　　　구성되고_____ 을 통해

　　　_____을 유지하며

　　　_____ 하는 집단

2. 다양한 가족의 유형
　－ 자발적 무자녀 가족
　　－ _____
　　－ _____
　　－ _____
　　－ _____
　　－ _____
　　－ _____
　　－ _____

　1) 한부모 가족
　　• 명칭: _____
　　　　　 _____
　　• 정의: _____로 구성된 가족

예) 모자 가족, _____ 가족

• 한부모 가족의 장점: _____ → 관점의 전환

2) 재혼 가족

• 정의: _____

• 매스미디어 속 사례로 '아이가 다섯'이라는 드라마가 있음

3) 분거 가족

• 정의: _____

• 발생 원인: _____, _____, _____,

_____, _____, _____ 등

4) 다문화 가족

• 정의: _____

통칭 _____

3. 패러다임 전환의 필요성

1) 다양한 가족 유형을 _____는 _____이 요구되는
시대임

2) _____: 사물을 보는 _____의 전환

⇨ "_____"이라는 개념 등장

_____

_____

_____

_____

_____

❶ 다음은 '분거 가족의 개념'에 대한 학생 답안입니다. 문제점을 찾아봅시다.

1
최근 사회에 분거 가족은 많이 발생한다는 것을 나타나고 있다. 다음으로 분거 가족의 개념과 발생 원인을 살펴보고자한다. 먼저 분거 가족은 부부가 동거하지 않고 다른 지역에 거주하는 비동거 가족이다.

문제점	

2
답: 가족이라는 것은 혈연, 입양, 결혼으로 연결된 2명 이상으로 구성이 되어 장기적인 헌신과 역할 수행을 통해 치밀감과 애정, 그리고 유대감이 생겨 공동적인 삶을 영위하는 공동체이다. 하지만 현재사회가 급격히 변화하면서 단순한 가족 구성이 달라지고 있다. 분거 가족이 그 중의 하나이다. 　분거 가족이란 부부가 동거하지 않고 다른 지역에 거주하는 비동거 가족이다. 예를 들어 아빠가 서울에 살고 엄마가 부산에 살고 아이가 미국 가서 유학을 한다. 가족 구성원이 따로 따로 산다는 것은 비동거 가족이다. 다시 말해 가족이 다른 지역에 거주하는 것이 분거 가족이다.

문제점	

3

분거 가족의 개념

분거가족은 급격한 사회 변화에 따라 새롭게 나타나고 있는 가족 형태로서 부부가 동거하지 않고 다른 지역에 따로 거주하는 비동거가족이다. 비동거가족은 같은 집안에 살지 않고 동거하지 않는 가족이다. 예를 들면, 아빠는 러시아에 살고 있으며 어머니는 베트남에 살고 있고 아이는 할아버지와 할머니 같이 일본에서 산다는 뜻이다. 그런데 분거 가족은 부부나 가족원들이 동거하지 않고 다른 지역에 따로 거주하는 비동거가족이라는 말이다.

문 제 점	

4

급격한 사회 변화와 사람들의 가치 변화에 따라 다양한 가족의 유형이 생겨났다. 분거가족은 바로 이런 변화의 산물이라고 말할 수 있다. 분거가족은 부부가 동거하지 않고 다른 지역에 거주하는 비동거가족이다. 예를 들어, 아내는 서울에 살고 남편은 미국에 사는 경우가 분거가족에 속한다.

문 제 점	

18

❷ 다음은 '분거 가족의 발생 원인'에 대한 학생 답안입니다. 이것을 보고 '세계화'와 '교통·통신의 발달'이 왜 분거 가족의 발생 원인이 되는지 기술해 봅시다.

학생 답안

분거 가족이라는 현상의 발생 원인은 5가지로 나눌 수 있다. 첫째는 바로 세계화라는 것이다. 경제와 과학 기술의 빨리 발전에 따라서 사람들은 다른 나라에서 생활하거나 일하는 것을 옛날에 비해 쉽게 실현할 수 있다. 특기 외국에 가서 공부하는 유학생의 수량은 점점 많아지고 있다. 둘째는 이제 교통과 통신 산업은 발달하기 때문이다. 교통이라는 측면에서는 예를 들어 이제 서울에서 출발하고 1시간만 걸려서 제주도까지 도착할 수 있다. 교통에 비해 통신 산업이 발전을 더 빨르게 나타났다. 예를 들면 아버지와 자녀는 분거하고 있어서 두 달 동안에 안 만났기 때문에 너무 그리워서 옛날에 편지를 쓰고 또 두달 동안에 기다리고 답장을 받을 수 있었다. 이제는 화상 통화의 나타남에 따라 상대방의 소리를 들 수 있을 뿐만 아니라 얼굴도 볼 수 있다고 본다. 이에 인해 이제는 분거하는데도 다른 가족원을 편리하게 만날 수도 있고 연락할 수 있다. 또는 자녀의 학업을 위해 분거가 되는 가족이 많다. 특기 현재 사회에는 나처럼 자녀의 학업에 중점을 두는 부모는 갈수록 많아졌다. 예를 들면 나는 2016년부터 한국에 가서 유학 생활을 시작했다. 원룸에 살고 있고 부모님과 같이 살지 않는 유학생이 많다. (후략)

〈'세계화'와 '교통·통신의 발달'이 분거 가족의 발생 원인이 되는 이유〉

❸ 다음은 시험 문제입니다.

시험답안지

20   학년도 제   학기

과목명		학위과정	학사/석사/박사/석·박사 통합	담당교수명	

대학 학부(과) 학년	학번 번	성명		검인	

분거 가족의 개념과 발생 원인을 설명하시오.	성적

학문 윤리와 표절

□ 여러 사람들이 표절에 대해서 이야기합니다. 어떤 경우가 표절에 해당되는지, 그리고 왜 문제가 되는지 말해 봅시다.

◇◇◇◇◇◇◇◇◇◇◇◇◇◇◇◇◇◇◇◇◇◇◇◇ **준비하기** ◇◇◇◇◇◇◇◇◇◇◇◇◇◇◇◇◇◇◇◇◇◇◇◇

◪ 다음은 강의 교재의 일부입니다. 읽고 질문에 답해 봅시다.

　　표절은 영어로 plagiarism이라고 하는데, 이는 라틴어 plagiarius에서 유래한 말이다. 라틴어 plagiarius는 아이들을 유괴하는 해적들 혹은 노예 도둑을 의미한다. 따라서 표절은 다른 사람의 정신적 아이를 훔치는 행위라는 의미를 담고 있다. 그리고 한자어 표절(剽竊)의 '竊(절)' 역시 몰래 훔치는 행위, 절도와 의미가 같다.

　　그렇다면 일반적으로 표절은 어떻게 정의될까? 하버드 대학은 "출처를 명시하지 않고 무단 전재한 정보나 데이터, 아이디어, 인용 부호 없는 축약문, 출처를 밝히지 않은 글 구조 인용 등이 표절에 속한다"고 규정하고 있다. 또한 연구 윤리 평가 기준 및 사례집(2013)에 따르면 "표절은 다른 사람의 저작으로부터 전거(典據)를 충분히 밝히지 않고 내용을 인용(引用)하거나 차용(借用)하는 행위이다."라고 규정된다. 이를 종합해 보면 표절은 정보, 아이디어, 연구 내용, 글의 구조, 문장 등을 원저자로부터 사전에 허락을 받지 않거나 또는 출처를 밝히지 않고 마치 자신의 것처럼 무단으로 베끼는 행위이다.

　　표절은 크게 전면적 표절과 부분적 표절 두 가지로 나누어 볼 수 있다. 전면적 표절은 타인의 텍스트를 완전히 도용하여 자신의 글인 것처럼 꾸미는 경우이며, 부분적 표절은 인용 표시 없이 원문의 자료와 자신의 견해를 섞어 놓은 후 글 전체가 자신의 것처럼 꾸미는 경우를 말한다. 예를 들어, 풀어 쓰기도 표절에 해당할 수 있다. 글의 구조와 저자가 표현하고자 하는 핵심 생각이 같다면, 표현을 그대로 복제하지 않고 다른 표현으로 바꾸어 써도 표절에 해당한다.

　　이러한 표절의 문제점은 크게 세 가지로 나누어 볼 수 있다. 첫째, 표절은 학문 탐구자의 창의성을 저해한다. 표절은 절대로 창의적이거나 독창적인 행위가 아니다. 표절을 하게 되면 학문 탐구자가 갖추어야 하는 창의성을 지키기 어렵게 된다. 둘째, 표절은 원저자의 공로와 노력을 부정한다. 출처를 밝히지 않고 남의 글이나 아이디어를 가져와 쓰는 행위는 원저자가 해당 분야에 기여한 바와 그 결과 물을 얻기 위해 했던 노력을 무시하는 행위이다. 셋째, 표절은 학문 탐구자의 도 덕성을 훼손한다. 예를 들어, 학생 표절의 경우 표절한 학생은 스스로 과제물을 완성한 학생과 비교해 성적을 우수하게 평가받을 가능성이 있고, 그 결과 다른 동 료에게 피해를 주게 된다. 이로 인해 학문 탐구자들이 방법보다 결과를 추구하게 되어 학문적 윤리 수준이 낮아질 수 있다. 따라서 표절을 사전에 방지하는 시스템 을 구축하고 도덕적, 윤리적 교육도 병행해야 한다.

1. 표절이란 무엇입니까?

2. 표절에는 어떤 유형이 있습니까?

3. 표절을 하면 발생하는 문제는 무엇입니까?

○ 중요하다고 생각되는 용어를 찾아 정리해 봅시다.

☐ _____ : _____

☐ _____ : _____

☐ _____ : _____

🎧 강의를 들으며 빈칸을 채워 봅시다.
2-1

1. 영어로 표절은 plagiarism으로 라틴어 plagiarius에서 유래했다…. 따라서
   표절은 다른 사람의 정신적 아이를 (   )를 말한다.

2. 표절은 원저자로부터 (   ) 않거나 또는 (   )를 밝히지
   않고 마치 자신의 것인 양 무단으로 베끼는 행위를 말한다. 표절의 핵심은
   (   )이기에 우리는 이러한 행위를 (   )라고 말한다.

3. 표절은 학문 탐구자의 (   )한다. 표절은 절대로
   (   )이지 않다.

4. 표절은 원저자의 (   )을 부정한다. 인용을 했다면 정확하게
   (   )를 밝혀 주어 원저자에 대한 (   )해
   주어야만 한다.

5. 표절은 학문 탐구자의 (   )한다. 비록 이전에 자기가 쓴 글이라
   도 마치 새로 쓴 글처럼 내놓는 경우 이는 사기가 되고 (   )이 된다.
   독자가 읽는 글이 사실은 예전의 글을 (   )이기 때문이다.

6. 전면적 표절은 타인의 텍스트를 (   )하여 자신의 글인 것처
   럼 꾸미는 경우이며 부분적 표절은 인용 표시 없이 (   )와
   (   )를 섞어 놓은 후 글 전체가 자신의 것인 양 꾸미는 경우를 말
   한다.

7. 전자는 (   )에 의해 저질러진다는 특징이 있고, 후

자는 (   )으로 광범위하게 발생하기 때문에 비교적 죄책감을 덜 느낀다는 특징이 있다.

8. 부분적 표절의 경우 원문의 부분을 (   ) 그대로 옮겨 오는 경우, (   )이나 표현을 표절하는 경우, 글의 (   )하는 경우가 여기에 해당한다.

9. 본인의 글에다가 캐롤린 핸들러 밀러(Carolyn Handler Miller)의 글 일부분을 (   ) 가지고 와 마치 (   )인 것처럼 사용한 표절의 사례이다. 바른 형태는 본인의 글과 인용한 글을 (   )로 명확히 구별하고 올바른 글의 예에서 보듯이 (   ) 정확한 서지 사항, 즉 저자명, 서명, 번역자, 출판사, 출판 연월일, 쪽수 등을 명시해 주어야 한다.

10. 올바른 글쓰기는 (   )를 적극적으로 활용하고 참고 자료의 (   )을 바탕으로 한다. 올바르게 활용하면 좋은 글이 되며 그렇지 않으면 표절이 되고 (   )이 된다.

11. 학술적인 보고서나 논문 작성 시 (   )을 정확하게 달아야 하는 이유도 바로 이런 것들이 올바른 글쓰기의 전제 조건이 되기 때문이다.

12. 표절은 남을 속이는 것이며 나의 글을 읽는 사람과의 (   )하는 것이다. (   )이라는 측면에서 올바른 글을 쓸 수 있도록 노력해야 한다.

🖥 강의 동영상을 보면서 필기를 해 봅시다.
2-2

[20   년   월   일]

1. 표절의 정의

표절(plagiarism, 剽竊)의 어원

└ _____ 뜻하는 라틴어 'plagiarius' _____

하버드 대학의 표절 규정, 국내 대학들의 연구 윤리 강령의 표절 규정 등

을 종합하면,

⇒ 표절은, _____

_____

즉, 표절의 핵심은 _____ ⇒ _____

2. 학문적 표절의 문제점

1) _____

- 표절은 절대로 창의적이거나 독창적이지 않음

2) _____

- _____

3) _____

- _____

3. 표절의 유형

	전면적 표절	부분적 표절
정의		
특징		

1) 전면적 표절 사례

　　① _____

　　② _____

2) 부분적 표절 사례

　　① _____

　　② _____

　　③ _____

⫸ 바른 인용:

　① 본인의 글과 인용한 글을 _____

　② _____를 달아 정확한 서지 사항, _____

　　_____

4. 참고 자료의 _____ VS _____

　올바른 글쓰기: _____

　_____

⇒ 학술적인 보고서나 논문 작성 시 각주와 참고 문헌을 정확하게 달아
　야 하는 이유

5. _____ 를 위한 체크 리스트

　1) _____

　2) _____

　3) _____

　4) _____

　5) _____

　6) _____

　7) _____

문제 다음은 학생 보고서이다. 문제점을 밝히고, 바른 형태로 기술하시오.

학생의 보고서

원시 시대의 종교적 제의는 가장 오래된 놀이였다. 또한 놀이는 인류의 역사와 늘 함께 해 왔다. 현대의 온라인 게임 역시 디지털화되었을 뿐, 그 자체로 놀이이다. 이러한 의미에서 우리는 종교적 제의와 현대의 온라인 게임이 역사적 연관성을 갖는다고 볼 수 있다. 예를 들어 디오니소스 페스티벌이라는 고대의식은 오늘날 아주 인기 있는 다중 접속 온라인 게임과 비슷한 점이 있다. 무엇보다도 이러한 현대의 게임 참가자들은 서로 다른 등장인물이 되어 다른 플레이어들과 상호 작용하고, 특별한 목적을 달성하기 위해 노력한다. 그러한 게임에서는 종종 삶과 죽음의 결과가 있는 장면이 나오기도 한다.

참고 자료

독서노트 카드

서 명	디지털 미디어 스토리텔링
저 자 명	캐롤린 핸들러 밀러
역 자 명	이연숙 외
출 판 년 도	2006년
출 판 사	커뮤니케이션북스
인 용 면	6쪽

디오니소스 페스티벌이라는 고대의식은 오늘날 아주 인기 있는 다중 접속 온라인 게임 (Massively Multiplayer Online Games: MMOGs)과 비슷한 점이 있다. 무엇보다도 이러한 현대의 게임 참가자들은 서로 다른 등장인물이 되어 다른 플레이어들과 상호 작용하고, 특별한 목적을 달성하기 위해 노력한다. 그러한 게임에서는 종종 삶과 죽음의 결과가 있는 장면이 나오기도 한다.

❶ 아래는 위의 문제에 대한 학생 답안입니다. 문제점을 찾아 봅시다.

답안 1

이 보고서는 캐롤린 핸들러 밀러의 디지털 미디어 스토리텔링을 인용 없이 필자의 것인 것처럼 작성했다. 위 보고서를 그대로 제출한다면 부분적 표절에 해당된다. 부분적 표절이란 중요 개념이나 표현, 글의 형식을 살짝만 바꿔서 인용 표시 없이 가져오는 것이다. 그래서 올바른 인용 방법은 아래와 같다.

원시 시대의 종교적 제의는 가장 오래된 놀이였다. 또한 놀이는 인류의 역사와 늘 함께 해 왔다. 현대의 온라인 게임 역시 디지털화되었을 뿐, 그 자체로 놀이이다. 이러한 의미에서 우리는 종교적 제의와 현대의 온라인 게임이 역사적 연관성을 갖는다고 볼 수 있다. 캐롤린 핸들러 밀러의 "디지털 미디어 스토리텔링"은 이 둘의 연관성을 말한다.

디오니소스 페스티벌이라는 고대의식은 오늘날 아주 인기 있는 다중 접속 온라인 게임 (Massively Multiplayer Online Games: MMOGs)과 비슷한 점이 있다. 무엇보다도 이러한 현대의 게임 참가자들은 서로 다른 등장인물이 되어 다른 플레이어들과 상호 작용하고, 특별한 목적을 달성하기 위해 노력한다. 그러한 게임에서는 종종 삶과 죽음의 결과가 있는 장면이 나오기도 한다.[1]

위 보고서처럼 작성을 한다면 원저자의 공로와 노력을 인정하고 필자 역시 도덕적이고 윤리적인 학문 탐구자라는 것이 증명된다. 그래서 올바른 인용은 좋은 글을 증명함과 동시에 도용을 하지 않았다는 것을 보여주어서 항상 해야 한다.

1) 캐롤린 핸들러 밀러, 『디지털 미디어 스토리텔링』, 이연숙 외 옮김, 커뮤니케이션북스, 2006, 6쪽.

[문제점]

답안 2

이 보고서의 문제점은 먼저, 인용 표시가 없다는 점이다. 그리고 인용한 글의 원저자: 서명, 번역자, 출판사, 출판 연월일, 쪽수 등이 없다. 자신의 글과 인용한 글은 인용문으로 명확히 구별하지 않았다. 그래서 바른 형태는 다음과 같다.

원시 시대의 종교적 제의는 가장 오래된 놀이였다. 또한 놀이는 인류의 역사와 늘 함께해 왔다. 현대의 온라인 게임 역시 디지털화되었을 뿐, 그 자체로 놀이이다. 이러한 의미에서 우리는 종교적 제의와 현대의 온라인 게임이 역사적 연관성을 갖는다고 볼 수 있다. 캐롤린 핸들러 밀러의 "디지털 미디어 스토리텔링"은 이 둘의 연관성을 말한다.

> 디오니소스 페스티벌이라는 고대의식은 오늘날 아주 인기 있는 다중 접속 온라인 게임(Massively Multiplayer Online Games: MMOGs)과 비슷한 점이 있다. 무엇보다도 이러한 현대의 게임 참가자들은 서로 다른 등장인물이 되어 다른 플레이어들과 상호 작용하고, 특별한 목적을 달성하기 위해 노력한다. 그러한 게임에서는 종종 삶과 죽음의 결과가 있는 장면이 나오기도 한다.[1]

---

1) 캐롤린 핸들러 밀러, 『디지털 미디어 스토리텔링』, 이연숙 외 옮김, 커뮤니케이션북스, 2006, 6쪽.

[문제점]

❷ 다음은 시험 문제입니다.

시험답안지

20   학년도 제   학기

과목명		학위과정	학사/석사/박사/석·박사 통합	담당교수명	

대학 학부(과) 학년	학번 번	성 명	검 인

앞(29쪽)에 제시된 보고서의 문제점을 밝히고, 바른 형태로 기술하시오.	성적

생각 열기

▢ 인류 역사에 혁명적인 사건들을 생각해 봅시다.

제임스 와트(James Watt)의 증기기관

토머스 에디슨(Thomas Edison)의 전구

'컴퓨터' 또는 '퍼스널 컴퓨터'의 등장

인터넷 혁명

유비쿼터스 혁명

❖❖❖❖❖❖❖❖❖❖❖❖❖❖❖❖❖❖❖❖ **준비하기** ❖❖❖❖❖❖❖❖❖❖❖❖❖❖❖❖❖❖❖❖

◪ 다음은 강의 교재의 일부입니다. 읽고 질문에 답해 봅시다.

인류의 역사를 살펴보면 사회, 경제, 문화 전체에 영향을 미치는 혁명적인 사건이 존재한다. 우리가 현재 고도로 발달한 기술 환경을 누릴 수 있는 것도 그 덕분이다. 이 글에서는 인류사에 영향을 미친 사건을 간단히 소개해 보고자 한다.

첫 번째 사건은 '도시 혁명'이다. 도시 혁명은 농사에 의존하여 자급자족하며 살던 작은 마을이 인구가 밀집된 도시로 발전하게 되면서 시작되었다. 도시 혁명 이전에 사람들은 흩어져서 살았었다. 그러나 사람들에게 필요한 시설이나 기관을 한 지역에 세우자 그 지역에 사람들이 모이기 시작하면서 자연스럽게 마을이나 도시가 형성되었다. 도시 혁명 이전에는 필요한 시설을 이용하려면 시간적, 공간적 제약이 존재했다. 사람들은 지리적으로 먼 곳에 떨어져 있는 곳을 방문했고, 이동하는 데 시간이 많이 걸렸다. 그러나 마을이나 도시에 사람들이 한데 모여 살면서 시간과 거리라는 물리적 한계를 극복하게 되었다. 이처럼 물리적 공간(physical space)이 '도시'로 축약된 것을 '도시 혁명'이라고 한다.

두 번째 사건은 1800년대 일어난 '산업 혁명'이다. 산업 혁명으로 증기와 전기가 발명되어 대량생산이 가능해졌다. 증기, 전기 등의 발명으로 옷감을 짜는 방적기나 공장에서 조립할 제품을 자동으로 운반하는 컨베이어 시스템(conveyor system)이 고안되었다. 그리고 이를 빠르게, 많이 운반할 수 있는 증기 기관차가 등장하면서 철도도 발달하게 되었다. 이전에는 물건들을 가정에서 소규모로 생산해서 물건이 귀했으나 대량 생산으로 생산성이 향상되어 귀족이나 돈 많은 사람들만 누릴 수 있던 물건들을 일반인들도 쉽게 사용할 수 있게 되었다.

세 번째 사건은 1990년대 일어난 '인터넷 혁명'이다. 컴퓨터가 등장하고 정보 기술이 발달하면서 멀리 떨어져 있어도 인터넷을 통해 정보를 주고받을 수 있게 되었다. 생활에 필요한 은행, 학교, 시청, 쇼핑몰과 같은 기반 시설들이 인터넷과

연결되면서 직접 방문하지 않아도 인터넷을 통해 업무를 처리할 수 있게 되었다. 이처럼 물리적 공간이 전자적 공간(electronic space)으로 확장되면서 생산성이 엄청나게 향상되게 되었다.

마지막 사건은 2천 년대 초반에 시작하여 지금도 진행 중인 '유비쿼터스(ubiquitous) 혁명'이다. '인터넷 혁명' 때에는 기반 시설들이 컴퓨터로 들어왔다면, '유비쿼터스 혁명' 때에는 이와 반대로 컴퓨터가 다시 사물 속으로 들어간다. 사물들에 컴퓨터가 탑재되면 사람들이 인터넷에 별도로 접속할 필요 없이 언제, 어디서나 즉각적으로 필요한 정보를 얻고, 업무를 처리할 수 있게 된다. 이처럼 물리적 공간과 전자적 공간이 결합하여 새로운 입체적 공간, 즉 하이퍼스페이스(hyper space)를 형성했다. 현실 세계와 가상 세계가 융합된 하이퍼스페이스는 '생활 속으로 들어와 스며든 기술'을 통해 인간에게 최적화된 생활 환경을 제공한다.

1. 도시 혁명으로 인해 무엇을 극복하게 되었습니까?

2. 산업 혁명은 무엇을 사용해서 훨씬 더 높은 생산성을 얻게 되었습니까?

3. 인터넷 혁명으로 인해 우리의 삶은 어떻게 달라졌습니까?

4. 유비쿼터스 혁명과 인터넷 혁명의 차이는 무엇입니까?

○ 중요하다고 생각되는 용어를 찾아 정리해 봅시다.

☐ _____ : _____
☐ _____ : _____
☐ _____ : _____

강의를 들으며 빈칸을 채워 봅시다.

1. 그 전까지는 사람들이 유목민으로서 각자 흩어져서 움직이면서 삶을 살아
   왔는데 (   )을 통해서 사람들과 또 여러 가지 사람들과 관련된 것
   들이 마을이나 도시 형태로 뭉쳐서 살게 되고 ⋯ (   )를
   극복하게 된 것이다.

2. 1800년 후반에 (   )이라고 하는 것이 발생되었고 이러한 산업 혁명
   은 물리적 공간에서 도시 혁명을 통해서 사람들이 모여 살게 되었는데 이제
   는 엔진과 (   )를 사용해서 더 높은 (   )을 이루게 되었다.

3. 도시에 모여든 사람들이 기계를 씀으로써 생산성을 높였던 가운데 이러한
   (   )이라는 것은 여기 슬라이드에서 보는 바와 같이 여러 가지
   그런 (   )에서 필요한 (   )나 시티홀(city hall)이나 또 물
   건을 살 수 있는 쇼핑몰 등이 (   )로 들어가게 된 것이다⋯. 사
   람들이 컴퓨터를 통해서 학교나 은행을 직접 가지 않더라도 손쉽게 원하는
   작업을 할 수 있게 된 인간의 문명에 있어서 (   )이라고 말할 수
   있다.

4. 인터넷 혁명을 통해서 지금까지는 물리 공간 physical space가 하나의 컴
   퓨터 공간 electronic space라는 곳으로 다 전부 들어가게 되어서 정말 편
   리하게 (   ) 공간과 그런 (   ) 공간을 (   )으로 변형
   시켰다.

5. 3차 혁명을 통해서 모든 기관, 학교, 도서관 등을 포함한 모든 것들이
   (   )으로 들어간다고 얘기했었다. 그런 컴퓨터 안에 들어가 있던

것들이 4차 혁명, (   )을 통해서 거꾸로 돌아오게 된 것이다.

6. 우리들이 볼 수 있는, 느낄 수 있는 모든 것에 심지어 살아 있는 (   )
에게까지도 이러한 컴퓨터가 물질 속으로 embed되어 있는, implanted되
어 있는 것, 이것을 우리는 (   )이라고 부른다. 여기에서는
기존의 physical space, 3차 혁명에서 나왔던 electronic space가 돌아오
게 되어서 새로운 (   )을 만들게 되었고 우리는 그러한 공간을
(   ), hyper space라고 부르고 있다.

7. 이러한 (   )를 가짐으로 우리가 보는 바와 같이 인간이 모든
삶에서 사용하는 옷이라든지 다리라든지 차량이라든지 등을 통해서 모든
것에 이러한 컴퓨터가 들어가 있음으로 조금 더 (   )하고 인간의
삶에 정말 편리한, (   )을 줄 수 있는 그런 시대가 된 것이다.

8. 우리 인간의 삶에서 현재 이러한 (   ), 유비쿼터스 컴퓨
팅 기술이 같이 개발되고 (   )되고 있으면서 우리의 삶에
(   )을 끼치고 또 도움을 주고 있다.

🖥 강의 동영상을 보면서 필기를 해 봅시다.
3-2

[20 년 월 일]

제목: _____

1. 1차 혁명 – 도시 혁명:

_____
_____
_____

2. 2차 혁명 – 산업 혁명:

_____
_____
_____

3. 3차 혁명 – 인터넷 혁명:

_____
_____
_____

4. 4차 혁명 – 유비쿼터스 혁명:

_____
_____
_____

❶ 다음은 '문화 혁명'에 대한 슬라이드입니다. 슬라이드를 보고 발표해 봅시다.

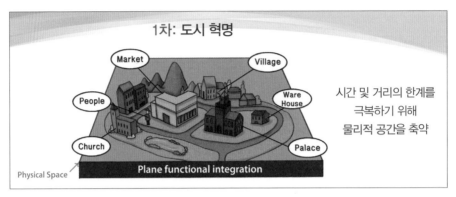

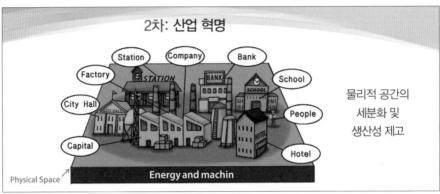

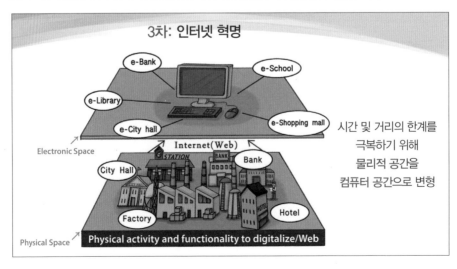

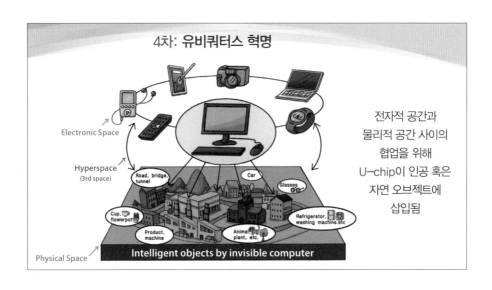

〈발표문〉

❷ 다음은 시험 문제입니다.

시험답안지

20   학년도 제   학기

과목명		학위과정	학사/석사/박사/석·박사 통합	담당교수명	

대학 학부(과) 학년	학번 번	성 명		검 인	

1차 혁명부터 4차 혁명까지 각각의 특징을 서술하시오.	성적

1차 혁명부터 4차 혁명까지의 특징을 서술하는 데 어려움이 없었다면 4차 혁명에 대한 자신의 의견도 한번 써보세요.

제4과 의사소통의 이해

□ 아래의 표현에 대해 생각해 봅시다.

• 다음은 어디에서 사용하는 표현입니까? 무슨 의미입니까?

• 다음 (가)와 (나) 중 '서울시장애인대회'의 올바른 표기가 무엇이고, 각각의 경우 독자가 어떻게 이해할 수 있을지 이야기해 봅시다.

• 화자가 "청주에 가야 해."라고 생각하고, "정주에 가야 해."라고 발음을 했을 때, 청자는 '아, 정주에 가는구나.'로 이해합니다. 무엇이 문제인지 생각해 봅시다.

• "나는 어머니께서 가신다."는 문법적으로 틀린 문장입니다. 그러나 상황에 따라서는 맞는 문장입니다. 어떤 상황에서 가능한지 생각해 봅시다.

◇◇◇◇◇◇◇◇◇◇◇◇◇◇◇◇◇◇◇◇◇◇◇◇◇ **준비하기** ◇◇◇◇◇◇◇◇◇◇◇◇◇◇◇◇◇◇◇◇◇◇◇◇◇

◪ 다음은 강의 자료의 일부입니다. 슬라이드를 보고 질문에 답해 봅시다.

언어의 필요성

● 언어가 왜 필요한가?
- ▶ 의사소통(意思疏通)을 위해서 필요함.

● 의사소통에 언어가 왜 필요한가?
- ▶ 그림, 음악, 제스처 등 언어와 어떻게 다른 가?
- ▶ 그림, 음악, 제스처 등은 의미 전달력에 한계 가 있음.

언어의 구성 요소

● 의미(意味) + 형태(形態)
1) 의미 또는 정보
   ① 어휘적 의미(語彙的 意味): 꽃, 먹-
   ② 문법적 기능(文法的 機能): -이/가, -ㄴ다
2) 형태
   ① 음성적 형태(音聲的 形態): [꼳]
   ② 문자적 형태(文字的 形態): 꽃이[꼬치], 먹는 다[멍는다]

● 언어의 실현 조건 또는 환경은 무엇인가?
- ▶ 화자(話者)와 청자(聽者) → 구어(口語)
- ▶ 필자(筆者)와 독자(讀者) → 문어(文語)

언어의 종류

● 음성 언어(音聲 言語)
- ▶ 매개체: 음성
- ☞ 화자(話者)는 청자(聽者)에게 음성이라는 형태 로 의미를 전달함.
- ☞ 발표
  - 구어체(口語體)를 사용
  - 하십시오체(합쇼체)를 사용해야 함
    ~에 대해 발표하겠습니다.

언어의 종류

● 문자 언어(文字 言語)
- ▶ 매개체: 문자
- ☞ 필자(筆者)는 독자(讀者)에게 문자라는 형태로 의미를 전달함.
- ☞ 글
  - 문어체(文語體)를 사용
  - 하라체를 사용해야 함
    ~에 대해 설명하고자 한다.

1. 의사소통이란 무엇입니까?

2. 의사소통에는 왜 언어가 필요합니까?

3. 언어의 종류에는 무엇이 있습니까?

4. 음성 언어와 문자 언어의 특징은 무엇입니까?

🎧 강의를 들으며 빈칸을 채워 봅시다.
4-1

1. 언어가 왜 필요한가? (   )을 하기 위해서 필요하다. 그런데 왜 의사소통에 언어가 필요한 것일까?… 그림, 음악, 몸짓 이런 것들도 의사소통의 (   )이 되지 않을까?… 그럼에도 불구하고 우리 인간의 의사소통의 (   )이 되지 않은 이유가 있다. 그것은 그림, 음악, 제스처 등은 (   )가 있기 때문이다.

2. 구체적인 것, 의자나 책상, 사람 이런 것들은 그림을 통해서 전달할 수 있지만 (   ), 이런 것들은 사실 그림이나 음악이나 몸짓 등을 통해서 표현하기가 쉽지 않다. (   )이 많다.

3. 언어에 대한 특성 (   )을 잘 이해하지 못한다면 의사소통을 이해하기 어렵다. 그래서 이번 시간에 언어의 (   ), 그 다음에 언어의 (   ) 그 다음에 언어의 (   )에 대해서 간단하게 살펴볼 것이다.

4. 언어는 (   )와 (   )로 구성되어 있다. 의미가 없는 것은 언어라고 할 수 없다…. 내가 무엇인가를 전달하고자 할 때, (   )이 바로 의미, 그게 (   )이다. 하지만 이 의미는 마음에 (   ). 이런 것들은 어떤 식으로든 표현을 해야 한다.

5. 반드시 그 뒤에 오는 것이 (   )이다. "좀 조용히 해."라고 하는 의미를 교탁을 두들기는 형태로서 학생들한테 (   )하는 것이다.

6. 의미는 언어에서 크게 두 가지로 나뉜다. 하나는 (   ), 두 번째

(   )이다. 이런 의미에는 그 형태에서 가지고 있는 (   )
가 있는 것들도 있고, 실질적인 의미가 아니라 문법적인 기능을 가지고 있는
경우도 있다.

7. '이'나 '가'라는 조사는 이것이 문장에서 (   )을 하는 것이라고
(   )를 해 주는 것이다. 이때 표시라고 하는 것은 (   )는 아니고
(   )만을 보여 준다.

8. 언어의 구성 요소 중 두 번째 요소는 바로 (   )이다. 이 형태는
(   )가 있고 (   )가 있다…. 의미를 (   )할
거냐 아니면 의미를 (   )이다.

9. 칠판에 쓰지 않고 '꽃'이라는 하게 되면, 여러분들은 제가 발음하는 그 '꽃'
이라는 (   )로, '꽃'을 머릿속에 그린다. 하지만 이 꽃이라는 음성적인
형태를 말하지 않고 칠판에다가 '꽃'이라고 쓰면 여러분들은 이 '꽃'이라는
(   )를 통해서, 의미를 떠올린다. 하지만 말한 꽃과 칠판에 쓴 꽃은
(   ) 있다. 무엇이? 형태가.

4-2 강의 동영상을 보면서 필기를 해 봅시다.

[20　　년　　월　　일]

제목: _____

1. _____
　　_____

　　1) 다양한 의사소통의 방식이 존재함

　　　　예를 들어 _____

　　　　_____

　　　　_____

　　2) 의사소통 방식에 언어가 필요한 이유

　　　　: _____

　　　┌ 추상적인 개념: 예를 들어 _____

　　　│ _____

　　　└ 구체적인 것: 예를 들어 _____

　　　　_____

　　∴ _____

2. _____

　　예를 들어 선생님이 수업시간이 혼자 책상을 두들기는 상황

　　의미: _____

　　형태: _____

　　→ _____

1) 언어의 구성 요소 ①: _____

　　　　　개념: _____

　┌─ _____: _____
　│　　　　 예) _____
　│
　└─ _____: _____
　　　　　 예) _____

2) 언어의 구성 요소 ②: _____

　┌─ _____: _____
　│　　　　 예) _____
　│
　└─ _____: _____
　　　　　 예) _____

　　예) "밥을 먹는다"의 음성적 형태와 문자적 형태

　　　　소리 내지 않고 쓸 때: "_____"

　　　　소리 내어 발음 할 때: [_____]

∴ _____

◈◈◈◈◈◈◈◈◈◈◈◈◈◈◈◈◈ **준비하기** ◈◈◈◈◈◈◈◈◈◈◈◈◈◈◈◈◈

▣ 다음은 강의 교재의 일부입니다. 읽고 질문에 답해 봅시다.

　　사람의 생각이나 감정, 사상을 전달하는 언어는 매개체가 음성이냐 문자냐에 따라서 음성 언어와 문자 언어로 구분된다.

　　음성 언어는 소리를 통해서 정보를 청자에게 전달을 하는 것이다. 음성으로 의미를 전달하는 음성 언어는 발음이 정확하지 않으면, 의미 전달이 잘되지 않는다. 만약 화자가 '청주'에 간다고 말하고자 할 때, '청주'를 '정주'라고 발음하면, 청자는 화자가 전달하고자 하는 정보를 똑같이 받아들이지 않기 때문에 의사소통에 문제가 생길 수 있다. 따라서 발음을 정확하게 해야 한다. 발음을 정확하게 하려면 표준 발음을 잘 알고, 표준 발음으로 정확하게 발음하는 것이 중요하다. 그리고 음성 언어는 청자를 전제하기 때문에 표현에도 신중하여야 한다. 내 말이 청자에게 줄 영향을 생각해 보고, 똑같은 정보를 주더라도 가능한 청자가 듣기 좋은 말 청자가 이해하기 좋은 말을 사용하여 표현하는 것이 중요하다. 예를 들어, 큰 목소리로 통화하는 친구에게 "시끄럽다. 좀 조용히 말해." 같은 표현보다는 "목소리를 조금만 낮춰 주면 좋겠어."와 같은 표현이 더 좋다. 그리고 집이 더울 때, 동생에게 "야, 덥다. 창문 좀 열어."보다는 "좀 덥지 않냐? 창문 좀 열자."가 청자 입장에서는 더 듣기 좋을 것이다.

　　이에 비해 문자 언어는 매개체가 문자이기 때문에 문자를 잘 쓰는 것이 중요하다. 문자 언어는 표기가 정확하지 않으면 의미를 잘 전달할 수 없다. 예를 들어 '꽃이 많이 피었습니다.'라는 문장을 표기할 때, '꽃이'를 소리나는 대로 '꼬치'로 쓰면 그 문장을 이해하기 어렵다. 그러므로 문자 언어로 표현할 때는 한글 맞춤법에 따라 표기해야 한다. 즉 한글 맞춤법이 정확해야 독자에게 혼란을 주지 않을 수 있다. 그리고 한국어의 경우 띄어쓰기에 따라 의미가 달라진다. 따라서 독자의 이해를 염두에 두고, 표기와 띄어쓰기에 신경을 써야 한다.

이와 같이 한국어를 사용할 때는 소리와 표기와의 관계를 다 고려해야 한다. 언어라는 것은 음성이나 문자를 통해서 전달되는 것이다. 음성으로 정보가 전달될 때에는 청자를 고려해야 하고, 문자로 정보가 전달될 때에는 독자를 고려해야 된다.

1. 음성 언어와 문자 언어의 차이점은 무엇입니까?

2. 음성 언어를 사용할 때 고려할 점은 무엇입니까?

3. 문자 언어를 사용할 때 주의해야 할 점은 무엇입니까?

◉ 중요하다고 생각되는 용어를 찾아 정리해 봅시다.

☐ _____ : _____
☐ _____ : _____
☐ _____ : _____

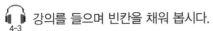 강의를 들으며 빈칸을 채워 봅시다.

1. 음성 언어와 문자 언어는 똑같은 사람의 생각이나 감정이나 (   )
   하는데, (   )가 음성이냐 아니면 문자냐에 따라서 구분도 되고, 한국어
   같은 경우 (   )이 다르다.

2. 음성 언어 같은 경우, (   )하기 때문에 정확하게 발음해야 한다….
   청자가 말을 정확하게 이해할 수 있는 가장 중요한 요소는 바로 (   )
   이기 때문이다. 발음을 정확하게 하기 위해서 (   )에 대한 관심이 많
   다. 표준 발음은 (   )이 두루 쓰는, (   )이 두루 쓰
   는 현대의 (   )이다.

3. '청주'에 대해서 '정주'라고 발음하거나, '정주'에 대해서 '청주'라고 발음하
   게 되면, 듣는 사람은 화자가 전달하고자 하는 정보와 (
) 때문에, (   )가 생긴다.

4. 문자 언어라고 하는 것은 (   ) 때문에 문자를 잘 쓰는 게 중
   요하다. 리포트를 쓴다거나, 답안지를 작성을 할 때, 글씨가 엉망이라면 그
   것을 읽는 (   )에서 보면, 그 글을 잘 읽고 싶어 하지 않는다.

5. "물은 셀프입니다."를 보게 되면, 한국 사람들은 벌떡 일어나서, 물을 가져온
   다. 이 말은 문장에서 보여 주고 있는 의미는 사실 (
) 이것은 아니라는 것이다.

6. 음성으로 의미를 전달하는 (   )는 사실 (   ), 의
   미 전달이 잘되지 않는다.

7. 후배가 "네, 먹었습니다."라고 답변을 할 때와 "몰라, 말 시키지마."라고 답변을 할 때, 여러분들의 마음은 어떤가? 이것을 (   )라고 하는데, 내 생각과 남의 생각을 입장을 바꾸는 것이다. 이렇게 생각했을 때, 내 말이 청자한테 (   )을 줄 것인가를 생각해 보면 우리는 청자가 듣기 좋은 말. 청자가 이해하기 좋은 말, 표현, 발음을 사용해야 한다.

8. 여러분이 리포트를 썼는데 오타가 많다. 여러분의 친구가 여러분에게 이메일을 썼는데, 오타가 많다. (   ) 한다. 읽기가 어려우니까. "꽃이 많이 피었습니다." 위에 것처럼 쓸 수도 있지만, 아랫것처럼 써야 된다. 왜냐. 아래에 있는 것이 (   )이 크니까. (   )가 정확하지 않으면 (   ) 않다.

9. 독자가 어떻게 이해할 것인가를 염두에 두고, 여러분들이 (   )를 염두에 두어야 한다…. 음성 언어를 통해서는 청자를 고려해야 하는 것이구나. 깨닫게 되는 것이고 문자 언어를 통해서는 (   )가 내가 표현한 것을 이해할 수 있는가 없는가를 의식하면서 (   )을 해야 한다.

10. 언어라는 것은 음성이나 문자를 통해서 전달되는 것이고, 음성으로 정보가 전달될 때에는 (   )하는 것이고, 문자로 정보가 전달될 때에는 (   )해야 된다. 이것이 의사소통 방식의 가장 중요한 요소다.

강의 동영상을 보면서 필기를 해 봅시다.
4-4

[20   년   월   일]

제목: _____

1. _____

　음성 언어와 문자 언어의 구별: _____

　_____

　예를 들어 발표 상황

　_____

　∴ _____

2. 음성 언어: _____

　표준 발음: _____

　_____

　발표 또는 대화할 때? _____

　_____

3. _____

　문자 언어 _____

　예) _____

　→ ★ _____ 예) _____

　문장에서 보여 주는 의미는 _____

　_____

　예) _____

4. _____

   1) _____

     음성이 정확× 의미 전달×

     → _____

	차이점
사모님 VS 싸모님	
외국 VS 왜국	

   → ★ _____

   2) 청자 고려가 필요

     예) '밥은 먹고 다니니?'

        "네 먹었습니다."

        "네, 먹었어요."

        "먹었어."   똑같은 정보를 주더라도 _____

        "응"

        "몰라, 말 시키지마."   ▷ _____

5. _____

   필자? 독자? 누구에게 중심을 두고 글을 쓸 것인가

   - _____

   ∴ _____

   예) 서울시장애인대회

     서울시장 애인 대회/서울시 장애인 대회

※ 정리

   언어는 _____

   _____

   ★ 의사소통 방식의 가장 중요한 요소!

❶ 다음은 '의사소통의 이해'에 대한 슬라이드입니다. 슬라이드를 보고 발표해 봅시다.

언어의 종류

● 음성 언어(音聲 言語)
  ▶ 매개체: 음성
  ☞ 화자(話者)는 청자(聽者)에게 음성이라는 형태로 의미를 전달함
  ☞ 발표
    – 구어체(口語體)를 사용
    – 하십시오체(합쇼체)를 사용해야 함
    ～에 대해 발표하겠습니다.

언어의 종류

● 문자 언어(文字 言語)
  ▶ 매개체: 문자
  ☞ 필자(筆者)는 독자(讀者)에게 문자라는 형태로 의미를 전달함
  ☞ 글
    – 문어체(文語體)를 사용
    – 하라체를 사용해야 함
    ～에 대해 말하고자 한다.

음성 언어

1) 화자와 청자 중에서 누구에게 무게 중심을 두고 의사소통하는가?
2) 음성으로 의미를 전달함
3) 음성이 정확하지 않으면 의미를 잘 전달할 수 없음
4) 발음이 정확해야 함 – 표준 발음
   - 사모님/*싸모님, 외국/왜국, 더럽다

문자 언어

1) 필자와 독자 중에서 누구에 무게 중심을 두고 글을 쓰는가?
2) 표기가 정확하지 않으면 의미를 잘 전달할 수 없음
   ✓ 오타가 많은 글은 읽기가 어려움
   - 꼬치 마니 피여씀니다.   - 꽃이 많이 피었습니다.
3) 띄어쓰기가 정확하지 않으면 의미를 쉽게 전달할 수 없음
   ✓ 서울시장애인대회
   - 서울 시장 애인 대회   - 서울시 장애인 대회

의사소통 방식

- 언어는 음성이나 문자로 의미를 전달함
- 음성으로 의미를 청자에게 전달할 때나, 문자로 의미를 독자에게 전달할 때 모두 청자나 독자 즉 상대방을 고려해서 의미를 전달해야 함
  ▸ 상대방의 이해를 돕기 위해 준언어적인 방식(강세, 장단 등)을 사용할 수 있고, 비언어적인 방식(몸짓 언어) 등을 사용할 수 있으며 글에는 그림, 그래프 등을 넣을 수 있음

❷ 다음은 시험 문제입니다.

시험답안지

20   학년도 제   학기

과목명		학위과정	학사/석사/박사/석·박사 통합	담당교수명	

대학 학부(과) 학년	학번 번	성 명	검 인	

언어의 종류를 설명하고, 의사소통 방식에 따라 고려할 사항에 대해 서술하시오.	성적

제5과 한국어의 특질

■ 다음은 발음 기관의 모습입니다. 한국어 'ㄱ, ㄴ, ㅁ, ㅅ, ㅇ' 소리
를 내면 어디에서 소리가 날지, 글자는 어떻게 만들어졌는지 생
각해 봅시다.

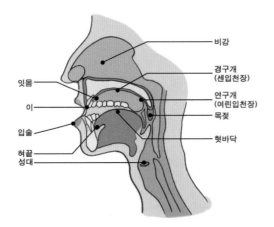

비강
경구개
(센입천장)
연구개
(여린입천장)
목젖
혓바닥
잇몸
이
입술
혀끝
성대

ㅁ
입의 형상
ㅁ→ㅍ

■ 한국어는 왼쪽이 아니라 오른쪽과 같이 사용하고 있습니다. 이렇게 사용했을 때의
장점은 무엇인지를 이야기해 봅시다.

'ㄱㅗㅁ' ➡ 곰

'ㅎㅝㄴ' ➡ 훤

'ㅁㅏㄹㄱㅡㄴㅁㅜㄹㅇㅣㅎㅡㄹㄴㄷㅏ' ➡ 맑은 물이 흐른다

◇◇◇◇◇◇◇◇◇◇◇◇◇◇◇◇◇◇◇◇◇◇◇◇ **준비하기** ◇◇◇◇◇◇◇◇◇◇◇◇◇◇◇◇◇◇◇◇◇◇◇◇

▣ 다음은 강의 자료의 일부입니다. 슬라이드를 보고 질문에 답해 봅시다.

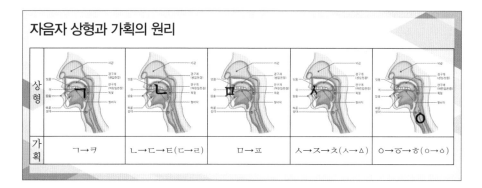

모음자 상형과 가획의 원리

- **모음자 상형의 원리**
  - 천(ㆍ): 하늘 모양을 본뜸
  - 지(ㅡ): 땅의 모양을 본뜸
  - 인(ㅣ): 사람의 모양을 본뜸

- **모음자 가획의 원리**
  - ㆍ, ㅣ ㅡ → ㅗ, ㆍ ㅣ → ㅏ, ㅜ ㅓ ㅛ ㅑ ㅠ ㅕ
    (기본자 11자)
  - ㅘ ㅕ ㅝ ㅖ ㅣ ㅢ ㅚ ㅐ ㅟ ㅔ ㅚ ㅒ ㅞ ㅖ
    (2자 합용)
  - ㅙ ㅖ ㅙ ㅖ (3자 합용)

1. 자음자는 어떻게 만들어졌습니까?

2. 자음자 가획의 원리는 무엇입니까?

3. 모음자는 어떤 원리에 의해서 만들어졌습니까?

🎧 강의를 들으며 빈칸을 채워 봅시다.
5-1

1. 자음자는 (　　　　　　　)했고, (　　　　　　)에 의해서 만들어졌다. 후설
   부분이 연구개, 여린입천장에 닿아 있는 모습이, 'ㄱ'을 발음할 때 모양과 같
   다. 가획의 원리에 의해서 'ㅋ'이 생겨나게 된다.

2. 'ㄴ'을 보면 [느]라고 발음할 때 (　　)이 치조 부분에 가서 닿는다. 그래서
   혀를 보면 (　　　　　　)을 띄게 되는 것이다. 여기에 가획의 원리에 의해
   서 'ㄷ'자, 'ㅌ'자가 나오고, (　　　)로서 'ㄹ'이 나오게 된다.

3. 'ㅁ'은 (　　　　　)을 본떴다. (　　　　　　)에 의해서 (　　　　　)자가 나오
   게 된다.

4. 'ㅅ'은 (　　　)을 본떴다. 여기서 (　　　)가 나왔고, 가획의 원리에 의해서
   (　　　)가 나오게 된다. (　　　)인 반치음 'ㅿ'이 'ㅅ'으로부터 나오게 됐다.

5. 'ㅇ'은 (　　　)을 본떴다. 여기서 (　　　) 여린히읗 'ㆆ'이 나왔고 'ㅎ'이 나
   왔다. 이체자로 꼭지이응 'ㆁ'이 'ㅇ'으로부터 (　　　)고 할 수가 있다.

6. 모음자는 자음과는 달리 (　　　　　　)했다…. 모음자의 (　　　　　　)는
   크게 하늘천, 천(天)과 지(地)와 인(人), … 본떠서 나오게 된 것이다.

7. 천은 丶는 (　　　　)을 본떴고, ㅡ는 (　　　　　)을 본떴고, ㅣ는 (
)을 본뜬 형태이다.

8. 모음자는 (　　　　　　)에 의해서 丶가 ㅡ와 ㅣ와 (　　　)하는 과정을 통해
   서 ㅗ, ㅏ, ㅜ, ㅓ, ㅛ, ㅑ, ㅠ, ㅕ, 기본자 11자가 나오게 된 것이고, 2자 합용,
   3자 합용을 통해서 여러 (　　　)의 형태들이 나오게 되는 것이다.

🖥️ 강의 동영상을 보면서 필기를 해 봅시다.
5-2

[20 년 월 일]

1. 한글 자모의 과학적 성격

　　1) 자음자: _____을 상형, _____에 의해 만들어짐

　　　___: _____이 _____(여린입천장)에 _____ 모습에서 'ㄱ'을 ____

　　　_____에 의해 'ㄱ'→'___'이 됨

　　　___: 발음할 때 _____

　　　　_____ 'ㄴ'→'___'→'___'　　∴ 이체자: ㄹ

　　　___: _____

　　　　_____ '___'→'___'→'___'

　　　___: _____

　　　　_____ '___'→'___'→'___' ∴ ___: _____(△)

　　　___: _____

　　　　_____에 의해 '___'→'___'→'___' ∴ ___: _____(ㅇ)

자음자 상형의 원리를 그림으로 그려서 정리하면

　　2) 모음자: _____

　　　丶: _____을 본뜸, ㅡ: _____을 본뜸, ㅣ: _____을 본뜸

　　　_____에 의해서 丶가 ㅡ와 ㅣ와 _____을 통해서

　　　_____, _____

　　　_____, _____을 통해서 여러 _____들이 나오게 됨

강의 듣기 2

◇◇◇◇◇◇◇◇◇◇◇◇◇◇◇◇◇◇◇◇◇◇◇ **준비하기** ◇◇◇◇◇◇◇◇◇◇◇◇

◘ 다음은 강의 교재의 일부입니다. 읽고 질문에 답해 봅시다.

우리가 사용하는 언어는 언제 그리고 어디에서 생겨났을까? 이 문제는 오랫동안 언어학자들의 관심거리가 되어 왔다. 이를 설명하기 위해 언어의 계통적 특징이나 형태적 특징을 통해 분류하려는 시도가 있어 왔다. 이러한 분류를 통해 언어에 대해 알아보고, 그 중에서도 한국어의 특징에 대해 살펴보자.

언어는 계통이나 형태에 따라 분류할 수 있다. 계통은 친근 관계에 있는 언어를 묶어서 어족(語族) 혹은 어군(語群)이라는 용어로 분류한다. 지구상의 언어를 계통에 따라 분류하면 거의 30개로 분류된다. 아시아대륙 어군, 아시아남방 어군, 남부사하라 어군, 인도-이란 어군, 로망스 어군, 게르만 어군, 슬라브 어군, 발트 어군, 그리스 어군, 코시안 어군, 마야 어군, 아프로-아시아 어군, 아메리칸인디언 어군, 코카시아 어군, 아나톨리안 어군 등이 있다고 한다. 이 중 한국어는 언어의 계통상 아시아대륙 어군으로 분류되며 그 중에서도 알타이 어군에 속한다. 알타이 어군에 속한 언어로는 한국어를 비롯하여 터키어, 몽고어, 일본어 등이 있다.

언어를 형태적으로 분류하면 굴절어, 교착어, 고립어 등으로 나눌 수 있다. 프랑스어, 독일어, 스페인어 등 대부분의 유럽 언어들은 굴절어에 속한다. 이들 언어들은 성, 수, 격, 인칭 등의 단어 형태가 변화하기 때문이다. 고립어는 대부분의 형태소가 그 자체로 낱말이 되는 언어로 중국어 등이 여기에 속한다. 교착어는 실질적인 의미를 가진 단어 또는 어간에 문법적인 기능을 가진 요소가 차례로 결합함으로써 문장 속에서 문법적인 역할이나 관계의 차이를 나타내는 언어를 가리킨다. 한국어, 터키어, 일본어, 핀란드어 등이 여기에 속한다.

한국어에 대해 조금 더 깊이 들어가 보자. 현재 말해지고 있는 언어만 해도 약 7천 여 개에 이른다고 한다. 하지만 이 중 오직 23개의 언어만이 지구 인구의 절반 이상이 사용하고 있다. 세계 인구가 사용하는 언어 순위를 살펴보면 한국어는 2019년 기준, 13위로 한국어 사용자 수가 지속적으로 증가하는 추세이다.

한글과 한국어는 다른 용어이다. 한글은 언어의 이름이 아니라 글자의 이름이고, 한국어는 글자의 이름이 아니라 언어의 이름이다. 한글은 현재 한국인이 사용하는 고유 문자의 이름이다. 한글의 명칭은 1910년을 전후해서 국어학자 주시경 선생이 처음으로 사용했다고 알려져 있다. '한'은 한국의 '韓(한)'이라는 의미와 함께 '큰, 또는 바른'이라는 의미를 갖고 있다. 한글이라는 명칭이 사용되기 전까지는 훈민정음(訓民正音), 언문(諺文) 등 다른 이름으로 사용되어 오다가, 개화기 때 한글이라는 명칭을 사용하게 되었다. 한글날은 1926년 11월 4일 처음 제정이 됐는데, 그때는 훈민정음 반포 480주년 기념으로 한글날이라고 하지 않고 '가갸날'이라는 명칭을 썼다. 그러던 것이 1945년 10월 9일 훈문정음 해례본 정인지 서문(鄭麟趾 序文)을 근거로 양력으로 환산해서 10월 9일을 한글날로 제정을 하게 되었다. 훈문정음 해례본은 한글 창제를 알려주는 귀중한 문헌이다. 해례본은 1446년(세종 28년)에 목판본으로 인쇄되었고, 1940년에 발견되었다. 이를 통해 한글의 제자 원리에 대해 구체적으로 알 수 있게 되었다.

한글은 여러 문자론적 특성이 있다. 첫째, 세종대왕이 1443년에 창제한 기록이 있는 문자로 발생적 측면에서 제작 시기와 제작자가 분명한 문자라는 특성이 있다. 둘째, 한글은 문자적 계보가 없는 독창적인 문자라는 계통적 특성이 있다. 그리고 훈민정음 제자해에 제자 원리인 상형의 원리와 가획의 원리가 자세히 언급되어 있다. 셋째, 음소문자라는 문자 분류적 특성이 있는데, phonemic writing이라고 해서 흔히 자모문자로 이야기 된다. 문자 분류상 그림문자, 상형문자, 음절문자, 음소문자 등 여러 문자 유형이 있는데, 한글은 음소문자에 해당되어 최상의 문자라고 할 수 있다. 넷째, 한글은 구성·배열적인 특성을 지녔는데, 이는 크게 조직성과 배열성으로 나누어 볼 수 있다. 우선 조직성은 자질문자론으로 이야기 된다. 'ㄷ'이 가획의 원리에 의해서 'ㅌ'이, 'ㅈ'이 가획의 원리에 의해서 'ㅊ'이 되는 거센소리 첨가와 'ㄱ'이 'ㄲ', 'ㅂ'이 'ㅃ'으로 된소리가 되는 것을 여기에 해당한다. 그리고 배열적 특성으로는 음소가 모여 하나의 음절을 이루는 모아쓰기 방식을 채택하고 있다는 점이다. 이것은 읽기의 편리성, 즉, 가독성을 높여 준다. 예를 들어서 '곰'이라고 한다면, 풀어쓰는 경우는 'ㄱㅗㅁ'이라고 쓰고, 모아쓰는 경우는 '곰'이라고 쓴다. 풀어 쓸 경우 가독성이 떨어진다. 이와 같이 한글은 문자적 독창성과 우수성을 지닌, 한국어를 표기하는 고유문자이다.

1. '한글'과 '한국어'의 차이점은 무엇입니까?

2. 한글날이 10월 9일로 제정된 근거는 무엇입니까?

3. 한글의 문자론적 특성에는 무엇이 있습니까?

4. 모아쓰기의 장점은 무엇입니까?

○ 중요하다고 생각되는 용어를 찾아 정리해 봅시다.

☐ _____ : _____

☐ _____ : _____

☐ _____ : _____

 강의를 들으며 빈칸을 채워 봅시다.

1. 한글은 언어의 이름이 아니라 (   )이다. 한국어는 글자의 이름이
   아니라 (   )이다….한국어는 (   )를 말한다.
   (   )으로는 교착어 또는 첨가어의 성격을 갖고, (   )으로는 알타이
   어족에 포함이 된다. 그에 반해서 문자인 (   )은 현재 한국인이
   사용하는 (   )이다. 세종대왕이 우리말을 (   )하기
   위해서 1443년 (   )한 훈민정음을 달리 이르는 말이다.

2. 한글의 (   )은 1910년을 전후해서 국어학자 (   ) 선생이 처음으로
   사용했다고 알려져 있다. 이때의 '한'은 (   )이라는 의미 이외에도
   '하나', '큰', 또는 '바른'이라는 의미를 갖고 있다. 한글이라는 명칭이 사용되
   기 전까지는 (   ), (   ) 이런 다른 이름으로 사용되어 왔
   는데 개화기 때 주시경 선생에 의해서 한글이라는 그런 명칭을 사용하게 된
   것이다.

3. 한글은 (   )가 분명한 문자다. (   )으로 기술이 되어
   있다. 〈세종실록〉과 〈훈민정음 해례본〉 정인지 서문에서 확인이 된다. 따라
   서 한글은 (   ) 측면에서 제작 시기와 제작자가 아주 분명한 문자라고
   말을 할 수가 있다.

4. 한글날은 1926년 11월 4일 처음 (   )이 됐다. 그때는 훈민정음 반포
   480주년 기념으로 그때는 '한글날'이라고 하지 않고 '(   )'이라는 명칭
   을 썼다. 1945년 10월 9일 정인지 서문을 근거로 해서 양력으로 환산해서
   10월 9일을 (   )로 (   )을 했다.

5. 계통적 특성에 특이한 점이 있다. 한글은 (   )인 문자다. Gelb라는 사람이 "한글은 (   )가 없는 문자다."라는 말로 한글의 (   )인 특성을 설명했다. 또 하나 과학성을 얘길 하고 있다. 〈훈민정음 제자해〉에서 (   )를 자세히 언급을 하고 있다.

6. 한글의 문자론적 특성 가운데 (   ) 특성은 음소문자의 성격이 있고, phonemic writing이라고 해서 흔히들 (   )라고 얘기를 한다.

7. 한글의 문자론적 특성 가운데 또 하나가 (   ), (   )인 특성을 들 수가 있다. (   )으로는 자질문자론을 얘기를 한다…'ㄷ'에서 가획의 원리에 의해서 (   )이 됐고, 'ㅈ'이 가획의 원리에 의해서 (   )이 됐다. 가획의 원리에 의해서 (   )가 되고, 또 'ㄱ'이 (   ), 'ㅂ'이 (   )으로 된 것은 (   )이다.

8. 배열적 특성은 음소가 모여서 하나의 (   )을 이룬다. 이것을 우리는 (   )라고 얘기를 한다. 음절 단위의 자모 조합식 (   )이라고 말할 수가 있는데, 이것은 (   )을 높여 준다. 즉 읽기의 (   ) 시켜준다.

🖥️ 강의 동영상을 보면서 필기를 해 봅시다.
5-4

[20   년   월   일]

1. 한국어와 한글
    - _____ : _____
    - _____ : _____
      소프트웨어, 게임 등의 _____이 옳은 표현

정리하면,
    1) _____ : _____
                 형태상: _____ (첨가어) _____ : 알타이어족
    2) _____ : _____
       세종대왕이 우리말을 표기하기 위해서 _____
    _____

    한글 명칭의 유래
    1910년을 전후해서 _____
    '한'은 한국의 '韓(한)'이라는 의미 이외에도 _____
    '한글' 명칭 사용 이전에는 _____

2. 한글의 문자론적 특성
    1) _____ : _____ (명시적 기술)
       ① 세종실록: 세종25년(1443년) 12월 기사 上親制諺文二十八字
          "이달에 임금께서 친히 언문 28자를 만드셨다."라는 기록
       ② _____ (훈민정음해례본):
          "계해년 겨울 임금께서 정음 28자를 창제하시고 이름을 훈민정음

이라 하셨다"라고 기사

→ _____ (왕실 중심 사업)

한글날의 _____

1926년 11월 4일 제정		1945년 10월 9일
- _____ 480주년 기념	→	- _____
- '_____'이라는 명칭을 사용		- 10월 9일을 _____

2) _____

① _____ : "_____."(Gelb, 1963)

② _____ : _____

3) _____

① _____ (phonemic writing, _____)

② _____ (그림, 상형, 음절, 음소) 최상의 문자

4) _____

① _____ - _____ (featural alphabets)

Geoffrey Sampon(1985). 『Writing Systems』에서 한글을 "자질
문자(featural alphabets)다."라고 함

_____ : 'ㄷ' → '__', '__' → '__' : _____

'ㄱ' → '__', 'ㅂ' → '__' : _____ 가 됨

★중요

② _____ : _____ 을 이루는 _____ 방식을 채택

_____의 _____식 배열(가독성을 높여줌, _____)

ㄱ+ㅗ+ㅁ=곰 / ㅎ+ㅜ+ㅓ+ㄴ=훤

_____

❶ 다음은 '한국어의 특질'에 대한 슬라이드입니다. 슬라이드를 보고 발표해 봅시다.

자음자 상형의 원리

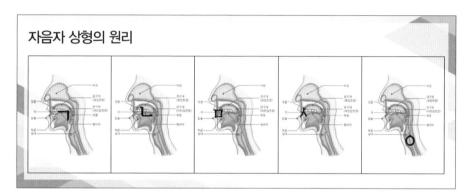

자음자 가획의 원리

상형자 (발음 기관의 모양을 본뜬 글자)	가획자 (획을 더해 만든 글자)	이체자 (모양이 다른 글자)
ㄱ	ㅋ	ㆁ
ㄴ	ㄷ ㅌ	ㄹ
ㅁ	ㅂ ㅍ	
ㅅ	ㅈ ㅊ	△
ㅇ	ㆆ ㅎ	

모음자 상형의 원리

- 천(·): 하늘 모양을 본뜸
- 지(ㅡ): 땅의 모양을 본뜸
- 인(ㅣ): 사람의 모양을 본뜸

모음자 가획의 원리

- · + ㅡ → ㅗ, · + ㅣ → ㅏ, ㅜ ㅓ ㅛ ㅑ ㅠ ㅕ (기본자 11자)
- ㅘ ㅝ ㆇ ㆊ ㅢ ㅚ ㅟ ㅐ ㅔ ㅙ ㅞ ㆎ (2자 합용)
- ㅙ ㅞ ㆈ ㆋ (3자 합용)

❷ 다음은 시험 문제입니다.

시험답안지

과목명		학위과정	학사/석사/박사/석·박사 통합	담당교수명	

대학 학부(과) 학년	학번 번	성명		검인	

한글 제자 원리 중 상형의 원리와 가획의 원리를 자음자와 모음자의 예를 들어 서술하시오.	성적

영화의 기법

 영화에서 카메라의 위치에 따라 사람들이 어떻게 다르게 보일지 말해 봅시다.

카메라워크 카메라 이동, 필요한 화면을 만들기 위한 종합적인 촬영 조작

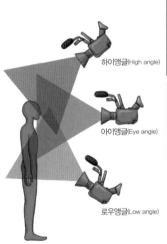

하이앵글(High angle)

아이앵글(Eye angle)

로우앵글(Low angle)

하이레벨(High Level)

높은 곳에서 낮은 곳을 내려다 봄

아이레벨(Eye Level)

카메라와 시선이 같은 곳에서 봄

로우레벨(Low Level)

낮은 곳에서 높은 곳을 올려다 봄

▣ 아래의 그림을 보고 영화의 장면이 편집에 따라 어떻게 달라질 수 있는지 말해 봅시다.

편집 1

웃는 얼굴 쇼트 → 총 들고 있는 쇼트
→ 깜짝 놀라는 사람

편집 2

깜짝 놀라는 사람 → 총 들고 있는 쇼트
→ 웃는 얼굴 쇼트

 **준비하기**

■ 다음은 강의 자료의 일부입니다. 슬라이드를 보고 질문에 답해 봅시다.

영화의 구성 요소 - 1

- 카메라: 영화의 화면 형성과 작품의 의미 구현을 위한 가장 기본적인 요소

1) 카메라 앵글
   (camera angle):
   피사체에 대한 위치로
   구분

카메라워크: 카메라 이동, 필요한 화면을 만들기 위한 종합적인 촬영 조작

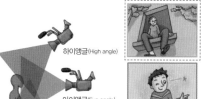

하이앵글(High angle)

아이앵글(Eye angle)

로우앵글(Low angle)

하이 레벨(High angle)
높은 곳에서 낮은 곳을 내려다 봄

아이 레벨(High angle)
카메라와 시선이 같은 곳에서 봄

로우 레벨(High angle)
낮은 곳에서 높은 곳을 올려다 봄

영화의 구성 요소 - 2

- 사운드(sound): 화면 안의 모든 청각적 요소
  ➡ 대사/음향/음악

1) 종류: 가시 음향 / 불가시 음향 / 묵음
2) 요소: volume(소리의 크기) / pitch(소리의 높낮이) / timbre(음색) ⇒ 믹싱(mixing)
3) 기능: 시각적 체험의 증폭/집중/시공간적 한계 극복

---

1. 영화에서 카메라는 어떤 요소입니까?

2. 카메라 앵글은 어떤 종류가 있습니까?

3. 영화의 구성 요소 중 사운드는 무엇입니까?

4. 사운드의 종류와 기능은 무엇입니까?

강의를 들으며 빈칸을 채워 봅시다.

1. 카메라가 찍으려고 하는 그 대상인 (   )를 카메라가 어떤 (   )에
   서 바라보고 있는가가 바로 (   )에 대한 부분이라고 할 수가 있다.

2. 아이레벨(eye level). 피사체의 (   )과 카메라의 시선이 같은 위치에
   있는 것을 아이레벨이라고 얘기를 한다. 아이레벨의 장점은 (   ), 그 다
   음에 (   )을 만들어내고 하는 그런 장점들이 있다.

3. 하이앵글은 피사체보다 카메라가 훨씬 높기 때문에⋯ 피사체 자체가 굉장
   히 (   )해 보인다. 왜소해 보이고 주변의 (   ), 주변의 어떤
   (   )들, 이것이 훨씬 강조되고 부각이 되는 것이 하이앵글의 특징이다.

4. 피사체보다 카메라가 밑에 있다. 카메라의 입장에서 본다면 피사체를
   (   )이다. 로우앵글(low angle)의 가장 큰 특징은 바로 그 대상,
   피사체 자체가 (   )으로 보이게 만든다.

5. 영화 안의 모든 (   )가 바로 사운드(sound)라고 할 수 있는데, 배우
   들이 얘기하는 (   )가 가장 많이 들리는 청각적 요소이다.

6. 다음에 (   )이다. 차 클랙슨(klaxon) 소리, 전화벨 소리, 기타. 특정한 상
   황의 (   )를 내기 위한 (   )가 바로 음향이라고 할 수 있다.

7. 영화에서 정말 중요한 요소 중의 하나가 바로 또 (   )이다. 영화 OST가
   어떠냐에 따라서 영화의 내용과 (   )와 이런 것들이 다 달라
   진다.

8. 사각의 틀, 영화는 프레임(frame)으로 설명을 하고 있는데 소리가 화면 안에
   서 나지 않는다. (   )에서 소리가 나는 이 현상. 그래서 화면에서는 이

(   ), 소리의 발생이 어딘지 알 수가 없다. 그래서 보이지 않기 때문에 (   )라고 얘기를 한다.

9. 전화기에서 소리가 난다. 그러면 관객의 눈에도 똑같이 전화기에서 소리가 난다라는 (   )가 같이 프레임 안에서 (   ). 이런 경우는 (   ). 소리의 진원지를 프레임 안에서 (   )할 수 있다.

10. 아무 소리가 안 나는 경우가 있다. 이것은 감독이 철저히 (   )하는 부분이다. 영화를 보다가 어느 순간 (   )는 경우, 그 시각적인 이미지에 훨씬 더 (   )을 하게 된다. 그런 의도를 살리기 위해서 (   )이라는 음향 효과를 사용 한다.

11. 사운드의 요소 중에 제일 첫 번째가 바로 (   )이다. 소리의 (   ) 이다. 중요한 건 소리가 크고, 중요하지 않으면 소리를 지우거나 작게 만들 수 있다. 이것도 모두 다 감독의 (   ) 것이다.

12. '중요한 소리다'라고 생각되면 그 소리를 (   ), 그 다음에 어떤 경우는 의도적으로 낮게 해서 높이와 (   )을 하는 것이 바로 (   )라고 할 수가 있다.

13. 탬버(timbre)라고 하는 (   )은 어떤 (   )를 쓰느냐 혹은 어떤 (   )를 활용하느냐에 따라 달라지고 배우 같은 경우는 (   ) 이 음색이다.

14. 사운드의 기능은 첫 번째가 시각적인 요소의 (   )이다. 눈으로만 봤을 때의 (   )보다 실제로 (   )의 체감이 훨씬 더 크다.

15. 프레임(frame) 안 시공간의 (   ) 이런 것을 (   )할 수 있다. 프레임 밖에서 소리가 나서 프레임의 공간을 훨씬 (   )시키는 것이 바로 음향의 (   )이다.

🖥 강의 동영상을 보면서 필기를 해 봅시다.
6-2

[20   년   월   일]

1. 영화의 구성 요소 1

   1) 카메라 앵글이란? ＿＿＿＿＿＿＿＿＿＿＿ 대상(=피사체)

       카메라가 ＿＿＿＿＿＿＿＿＿＿＿＿＿

   2) 카메라 앵글의 ＿＿＿＿＿＿＿＿＿

     ① 아이레벨(eye level): ＿＿＿＿＿＿＿＿＿＿＿

      ＿＿＿＿＿＿＿＿, ＿＿＿＿＿＿＿＿을 만들어내는 효과

     ∴ 영화에서 주로 아이레벨을 사용하는 이유:

     ② 하이앵글(high angle): ＿＿＿＿＿＿＿＿＿

      ＿＿＿＿＿＿＿＿＿＿＿＿＿＿＿＿ 보임

     → 주변의 환경(주변의 어떤 조건들)이 ＿＿＿＿＿＿＿ 됨

      예) 군중 속의 고독 ＿＿＿＿＿＿＿＿＿＿＿

      ＿＿＿＿＿＿＿＿＿ 등 표현 가능

     ③ 로우앵글(low angle): ＿＿＿＿＿＿＿＿＿＿＿

      피사체 자체가 ＿＿＿＿＿＿＿ 보이게 만듦

     → ＿＿＿＿＿＿＿＿＿＿ 보이게 만드는 특징이 있음

     ∴ ＿＿＿＿＿＿＿＿＿＿＿＿＿＿＿＿＿＿＿

      사용되고 있음

2. 영화의 구성 요소 2

   1) 주제: 영화의 구성 요소 - _____

         음향만 한정된 것 ×, _____

     ① 가장 많이 들리는 _____

     ② _____ : _____ 를 내기 위한 _____

      예) 차 클랙슨(klaxon), 전화벨 소리 등

     ③ _____ : 영화 OST가 어떠냐에 따라서 _____

      _____

   2) 사운드의 종류

     ① _____ : _____

        _____

     ② _____ : _____

        _____

      예) _____

     ③ _____ : _____

     ⇒ _____

   3) 사운드의 요소

     ① _____ (volume): _____

       - _____

       _____

     ② _____ (pitch): _____

       - 중요한 소리는 _____

       _____을 하는 것

    ☞ _____ 에

    따라서 분위기가 달라짐

③ _____(timbre): _____

- _____

☞ 음향을 통해서, 사운드를 통해서 _____를 만들어 내는
건 _____

※ _____(mixing): _____

☞ _____을 통해, 사운드가 영화에서 _____를 잡음

4) 사운드의 기능

① _____: 눈으로만 봤을 때의 체감보다 소리가 들어갔을
때의 체감이 더 큼

예) _____를 소리를 제거하고 봤을 때 공포가 사라짐

- _____: _____을 주는 데 중요

- _____: _____ 효과

→ 공포영화에서 음향이 아주 중요하게 사용됨

② _____: _____, _____

- _____

- _____

80

◇◇◇◇◇◇◇◇◇◇◇◇◇◇◇◇◇◇◇◇◇◇◇◇◇◇◇◇◇ **준비하기** ◇◇◇◇◇◇◇◇◇◇◇◇◇◇◇◇◇◇◇◇◇◇◇◇◇◇◇◇◇◇◇

■ 다음은 강의 교재의 일부입니다. 읽고 질문에 답해 봅시다.

영화는 편집을 통해 예술성을 확보한다. 편집 과정이 없으면 말 그대로 사진 자체가 움직이는 것에 불과하다. 편집의 과정을 통해서 영화가 이야기를 만들어 갈 수 있고 영화의 미학을 발견했기 때문에 편집은 영화의 아주 중요한 구성 요소이다. 편집은 영화의 최소 단위인 쇼트(shot)과 쇼트를 결합하는 방식을 말한다. 즉 이들을 어떻게 결합하고 어떻게 붙일 것인가, 불필요한 쇼트를 어떻게 잘라내는가 등이 편집에 해당한다.

영화는 편집을 통해 내러티브(narrative) 즉 줄거리가 만들어진다. 쇼트들의 연결 방식에 따라 연속 편집(continuity cutting), 평행 편집(parallel cutting), 교차 편집(crosscutting) 등으로 나뉜다. 연속 편집은 자연스럽게 쇼트들을 연결시키는 방식으로 가장 보편적으로 쓰는 방법이다. 페이드 인(fade in), 페이드 아웃(fade out), 디졸브(dissolve) 등이 이에 속한다. 둘째, 평행 편집은 같은 공간에 시간대를 서로 다르게 편집하는 것을 의미한다. 이는 의도적으로 다른 시간을 충돌하게 하여 관객이 충돌을 인지하도록 만드는 편집 방식이다. 셋째, 교차 편집은 같은 시간대에 다른 공간을 보여 주는 편집 방법이다. 연속 편집은 자연스러운 데 반해, 평행 편집이나 교차 편집은 시간이나 공간이 다른 것을 관객이 충분히 인식하도록 의도한 편집이다.

편집에서 중요한 개념 중 하나가 몽타주(montage)다. 몽타주는 프랑스어의 monter에서 유래한 용어로 monter는 '모으다, 조합하다'라는 의미가 있다. 즉 각각 떨어져 있는 이미지들, 떨어져 있는 쇼트들, 따로 촬영된 화면을 떼어 붙이면서 새로운 장면이나 내용을 만들어 내는 기법을 의미한다. 소련의 영화 감독 세르게이 에이젠슈타인(Sergei M. Eizenstein, 1898-1948)이 만든 '전함 포템킨(Bronenosets

Potemkin, 1925)'은 몽타주 기법을 활용한 대표적인 영화이다. '전함 포템킨'에서는 감독의 의도를 드러내기 위해 인과성이 없는 두 장면을 나란히 편집한 '오데사 계단 장면' 등을 통해 이 기법을 실험했다. 몽타주는 개별 장면들이 다른 장면들과 묶여서 새로운 의미를 만들어 내는 것을 중요하게 다루는 기법이다. 이와 같이 몽타주는 영화가 촬영만으로 완성되는 것이 아니라, 배열, 조립, 구성함으로써 의미를 만든다는 의식하에 활용되는 기법으로 편집의 중요한 요소 중 하나이다.

1. 영화에서 편집은 어떤 의미입니까?

2. 영화 편집의 종류에는 어떤 것들이 있습니까?

3. 영화 편집 방법의 특징은 무엇입니까?

4. 몽타주는 무엇입니까?

◎ 중요하다고 생각되는 용어를 찾아 정리해 봅시다.

☐ _____ : _____

☐ _____ : _____

☐ _____ : _____

🎧 강의를 들으며 빈칸을 채워 봅시다.
6-3

1. 편집을 통해서 영화가 (   )하게 된다. 편집 과정이 없으면 사진
   자체가 움직이는 것에 그치는데 (   )을 통해서 영화가 이야기를
   만들어 갈 수 있고 영화의 (   )을 발견했기 때문에 편집은 영화의 중요
   한 구성 요소이다.

2. 편집이라는 건, 쇼트를 (   )하는 방식. 어떤 쇼트들과 어떤 쇼트들을 어
   떻게 (   )할 것인가. 각각의 쇼트들을 어떻게 결합하고 어떻게 붙일 것
   인가가 편집이고, 또 한편으로는 불필요한 쇼트를 잘라내는 것. 이것이 또
   (   )에 해당이 된다.

3. 편집을 통해서 영화의 내러티브(narrative)가 (   )이 된다. 편집을 통해서
   영화의 (   ), 이야기, 내러티브가 (   )이 된다. (   )가 만들어진다.

4. 편집의 종류, 첫 번째 (   )이 있다. (   )가 전혀 안 나는 편집
   이다. 굉장히 (   ) 쇼트들을 (   )시킨 방식이 바로 연속 편
   집에 해당이 된다…. 페이드 인(fade in), 페이드 아웃(fade out)은 점점 어두워
   지고 점점 밝아지면서 각각의 쇼트들이 혹은 시퀀스(sequence)들이 연결되
   는 방식으로 가장 (   )으로 쓰는 방법이다.

5. 평행 편집은 서로 (   )에 똑같은 (   )이 나오는 건 같은데 알고 봤
   더니 (   )가 서로 (   )하는 것이다. 그래서 평행 편집은
   (   )으로 다른 시간을 (   )하게끔, 다른 시간이 관객에게
   (   )가 되게끔 의도적으로 만든 편집이다.

6. 세 번째가 크로스커팅(crosscutting)이다. 이것은 (   )에 (   )

을 보여주는 편집 방법이다. 같은 시간대를 (   )으로 나열해서 보여주
는 (   )이 크로스커팅이다.

7. 각각 떨어져 있는 (   ), 떨어져 있는 (   ), 그것 자체를 편집하면
   서 서로 (   )하면서 어떤 의미, 실체를 만들어 내는 것, 이것이 몽타
   주(montage)(   )하고 있는 부분인데 몽타주 같은 경우는 편집의
   (   )을 살린 중요한 방식이다.

8. 몽타주 기법을 어떻게 (   )하느냐에 따라서 (   )가 많이
   (   )는 것이 몽타주의 (   )이다.

9. 그러니까 각각 똑같은 쇼트지만 (   )로 (   )하느냐에 따라서
   의미가 (   )로 나올 수도 있다라고 하는 편집의 놀라운 효과가 몽
   타주에 의해서 일어나게 됐다.

10. 에이젠슈타인(Sergei M. Eizenstein)이 만든 '전함 포템킨' 같은 경우는 서로
    (   )를 (   )으로, 상반된 쇼트들을 연속적으로 (   )하
    였다. (   )이 없는 두 개의 쇼트가 (   )되면서… 의미가 만들
    어진다. 그래서 충돌 몽타주라고 하는 건 (   )의 어떤 (   )
    들, 그것을 영화 편집에 활용한 부분이라고 할 수가 있다.

11. 연결 몽타주는 웃고 있었는데 총 보고 놀랐다 하고 (   )… 순서에
    따라서 반대로 만들어지지만 자연스럽게 편집의 (   )를 보여 주는
    것, 드러나는 것, 이것이 연결 몽타주이다.

12. 영화에서 감독의 (   ), 영화의 기본 내러티브, 이런 것들을 (   )할 때 편
    집이 어떻게 되느냐에 따라서 아주 다른 영화가 될 수 있다. 그래서 영화 만
    들고 난 다음에 따로 DVD나 이렇게 (   )을 할 때 (   )이라는 걸 새로
    만든다. 그건 '감독의 (   ) 편집을 다시 했어요.'라는 의미이다.

🖥 강의 동영상을 보면서 필기를 해 봅시다.
6-4

[20　　년　　월　　일]

1. 영화의 구성 요소 3

   1) 영화의 ＿＿＿＿＿＿＿

     －영화에서 ＿＿＿＿＿＿＿＿ : ＿＿＿＿＿＿＿＿＿＿＿＿＿＿＿＿＿＿＿＿

                         : 영화가 ＿＿＿＿＿＿＿ 수 있고 ＿＿＿＿＿＿＿

                           ＿＿＿＿＿＿＿＿＿ 했기 때문에

     －편집의 방식: ┌•영화의 최소 단위인 ＿＿＿＿＿(shot)과 ＿＿＿＿＿＿＿하

                │　고 붙이는 것

                └•＿＿＿＿＿＿＿를 ＿＿＿＿＿하는 것

     －편집의 ＿＿＿＿＿: 편집을 통해 영화의 ＿＿＿＿＿＿＿, ＿＿＿＿＿가 만들어짐

     －편집의 ＿＿＿＿ : ＿＿＿＿＿＿＿＿＿＿＿＿＿＿＿＿＿＿＿＿＿＿＿＿＿＿

                 ＿＿＿＿＿＿＿＿＿＿＿＿＿＿＿＿＿＿＿＿＿

     ① ＿＿＿＿＿＿＿ : ＿＿＿＿＿＿＿＿＿＿＿＿＿＿＿＿＿＿＿＿＿＿

                 ＿＿＿＿＿＿＿＿＿＿＿＿＿＿＿＿＿＿＿＿＿

       예) ＿＿＿＿＿＿＿＿＿＿＿＿＿＿＿＿＿ (오버랩)

         －가장 보편적으로 쓰이는 방법

     ② ＿＿＿＿＿＿＿ : ＿＿＿＿＿＿＿＿＿＿＿＿＿＿＿＿＿＿＿＿

                 －＿＿＿＿＿＿＿＿＿으로 다른 시간을 충돌

     ③ ＿＿＿＿＿＿＿(크로스커팅): ＿＿＿＿＿＿＿＿＿＿＿＿＿＿

                ＿＿＿＿＿＿＿＿＿＿＿＿＿＿＿＿＿＿＿＿

     ☞ 연속 편집은 ＿＿＿＿＿＿＿＿

       평행 편집과 크로스커팅은 ＿＿＿＿＿＿＿＿＿＿＿＿＿＿＿＿＿＿＿＿＿＿

_____

2. 몽타주(montage)

1) _____

범인 인상착의 만들 때 _____

_____ + 떨어져 있는 _____

_____하면서 _____

_____

−편집 (1) _____ → _____ →

_____

의미: _____

−편집 (2) _____ → _____ →

_____

의미: _____

⇒ _____

_____

2) 몽타주의 종류

① _____ : _____

정반합(正反合) − _____를 영화 편집에 활용

대표적인 영화 '전함포템킨' − 영화 감독 에이젠슈타인이 만듦

장면 예시 − _____

− _____

_____

의미: 배 위에서 _____

_____

_____가 만들어짐

② _____ : _____

_____

_____

_____

중요

＊ 개봉 후 만들어지는 _____ : _____

_____

_____

_____

❶ 다음은 '영화의 기법'에 대한 슬라이드입니다. 슬라이드를 보고 발표해 봅시다.

영화의 기법

영화의 구성 요소 2: 사운드

• 사운드(sound): 화면 안의 모든 청각 요소

→ 대사/음향/음악

1) 종류: 가시음향, 불가시음향, 묵음

2) 요소: volume(소리의 크기), pitch(소리의 높낮이), timbre(음색)

⇒ 믹싱(mixing)

3) 기능: 시각적 체험의 증폭, 시공간적 한계 극복

영화의 구성 요소 3: 편집(cut)/몽타주(montage)

1) 편집: 쇼트들을 결합하는 방식 + 불필요한 쇼트들을 제거하는 방식

→ 편집을 통해 영화의 내러티브(narrative) 구축

→ 연속 편집(보이지 않는 편집. fade in/out, dissolve, wipe 등)

   평행 편집(서로 다른 시간대)

   크로스커팅(같은 시간 다른 공간)

영화의 구성 요소 3: 편집(cut)/몽타주(montage)

2) 몽타주: 편집을 통한 주제와 의미를 강조하는 방식

에이젠슈타인 감독의 '전함 포템킨'

– 편집/조합하면서 어떤 의미, 실체를 만들어 내는 것

– 편집의 미학을 살린 중요한 방식

→ 충돌 몽타주(정+반=합) : 인과성이 없는 쇼트를 나란히 배치하여 의미를 만들어 내는 것

→ 연결 몽타주: 쇼트를 연속적으로 편집하여 유시적인 통일성을 갖추고 선형적인 이야기를 만들어 내는 것

〈발표문〉

---

❷ 다음은 시험 문제입니다.

<table>
<tr><td colspan="2">20   학년도 제   학기</td><td colspan="3" align="center">**시험답안지**</td></tr>
</table>

과목명		학위과정	학사/석사/박사/석·박사 통합	담당교수명	

대학 학부(과) 학년	학번 번	성 명		검 인	

몽타주에 대해 예를 들어 설명하시오.	성적

 생각 열기

▣ 왼쪽의 그림은 미술 치료를 받기 전의 그림이고, 오른쪽의 그림은 미술 치료를 받은 후의 그림입니다. 그림을 보고 질문에 답해 봅시다.

〈미술 치료를 받기 전〉

"친구들은 줄넘기를 하고 있고 저는 그냥 구경만 하고 있어요."

〈미술 치료를 받은 후〉

"애들이랑 같이 커플잡기 놀이를 해요. 이거 진짜 했는데 너무 재미있었어요."

• 두 그림에서 인물의 크기는 어떻게 변화하고 있습니까?
• 두 그림에서 인물의 시선은 어떤 차이가 있습니까?
• 두 그림에서 사람들 사이의 위치는 어떻습니까?
• 미술 치료 외에도 다양한 심리 치료의 방법에 대해 이야기해 봅시다.

◇◇◇◇◇◇◇◇◇◇◇◇◇◇◇◇◇◇◇◇◇◇◇◇ **준비하기** ◇◇◇◇◇◇◇◇◇◇◇◇◇◇◇◇◇◇◇◇◇◇◇◇

◾ 다음은 강의 자료의 일부입니다. 슬라이드를 보고 질문에 답해 봅시다.

---

1. 미술 치료란 무엇인가?

미술(Art), 그리고 치료(Therapy)

1) 미술 치료의 정의: 미술(art) + 마음을 치료한다(therapy)

2) 무엇을 치료하는가? 사람의 마음을 치료하는 것

　　예) 내면의 어떤 심리적인 갈등, 그리고 억압된 감정들 → 미술 활동을 통해서 치료가 이루어짐

- 미술 치료: 미술을 매개로 해서 개인의 마음, 인간의 아픈 마음, 다친 상처 등을 치료하는 것

---

2. 미술 치료의 시작과 발전

✓ Art in therapy

– 대표 학자: **마가렛 나움버그**(Margaret Naumburg) (1890∼1983) 미국의 심리학자, 미술교육자. 미술 치료 창시자 중 대표적인 학자. 1940년대 뉴욕의 정신병원에서 정신증을 앓고 있는 환자를 대상으로 미술 치료의 효과를 발견하고 창시하게 됨

- 치료의 과정 안에서 창조의 작업이 이루어짐

✓ Art as therapy

– 대표 학자: **이디스 크레이머**(Edith Kramer) (1916∼2014) 오스트리아 비엔나 출생의 미술 치료 창시자 중 한 사람, 사회적 사실주의 화가. 정신병원에서 미술 치료를 연구. 단어를 사용하여 자신의 감정을 설명할 수 없는 어린이, 청소년을 대상으로 주로 13년 동안 정신과 병동에서 연구를 수행함.

- 그림을 그리는 창조 작업 자체가 특별히 심리 치료를 받지 않아도 치유가 되는 과정

---

1. 미술 치료가 무엇입니까?

2. 미술 치료의 시작에서 중요한 학자는 누구입니까?

3. 'Art in therapy'는 어떤 특징이 있습니까?

4. 'Art as therapy'는 어떤 특징이 있습니까?

🎧 강의를 들으며 빈칸을 채워 봅시다.
7-1

1. 미술이라는 아트(Art)와 (   )한다는 테라피(therapy)라는 단어가
   (   )이 되어 (   )가 되었다.

2. 미술 치료는 (   )하는 것으로 우리들 내면의 어떤
   (   ) 그리고 (   )들은 누구나 있기 마련이다.

3. 미술이라는 (   )를 가지고 (   )을 통해 심리를 치료함으로
   어떤 승화를 일으키고 개인의 (   )하는 것을 미술
   치료라고 한다.

4. 미술이라는 것은 (   )이 될 수 있다. 우리가 그림을 그리거나 어떤
   작품을 (   ) 작품을 만들어 내면 (   )이 드러나기
   마련이다.

5. 그림을 통해서 (   ) 바라볼 수 있기 때문에 다시 한 번 (   )
   내 마음을 바라볼 수 있는 (   )가 될 수 있다.

6. 우리들의 기억은 (   )을 가지고 있다. 과거에 있었던 경험에 대해서 떠
   올려보면 어떤 (   )로 떠올려지기보다는 어떤 시각적인 이미지
   로 떠올릴 수 있다. …인간의 기억 또는 꿈 등은 (   )로 나타
   난다는 것이 프로이트(Freud)의 주장이었다.

7. 미술치료는 1940년대 미국 뉴욕에 있는 정신병원에서 (   )
   를 대상으로 그림을 그리게 하고 그것이 어떤 (   )가 있다는 것

92

을 발견함으로써 (   )하게 되었다.

8. 나움버그(Naumburg)는 치료의 과정에 있어서 미술이 (   )가
되는 것이다. 미술이 하나의 (   )가 되는 것이다. 그래서 미술 활동을 통
해서 (   )가 더욱 더 수월하게 이루어질 수 있고, 더욱 더 단기
화 시킬 수 있다. 자신의 마음을 바라보는 데 있어서 언어로만 하는 것보다
는 그림을 통해서 더욱 더 수월하게 치료가 이루어질 수 있다는 개념으로
해서 Art in therapy라는 개념을 만들었다. 그러니까 (   ) 안에서
(   )이 이루어진다는 의미이다.

9. 크레이머(Kramer)라는 학자는 Art as therapy라고 해서 (   ) 자체
가 사람에게는 (   )을 만들어준다는 것이다. 그러면은 '그림
을 그리는 그런 창조 작업 자체가 특별히 (   )를 받지 않아도
(   )이다'라고 주장을 했다.

10. 현대는 Art in therapy가 중심인데, 그림을 그린다고 해서 (
) 때문이다.

11. 어떻게 (   )가 중요한 것이고 그리고 창조 작업에
있어서 (   )해주고 또 (   )해주고 그런 것들을
버텨주는 따뜻한 치료사가 옆에서 함께 지지를 할 때에 치료가 가능하다.

🖥️ 강의 동영상을 보면서 필기를 해 봅시다.
7-2

[20   년   월   일]

1. 미술 치료의 정의

   1) 미술 치료: _____ (Art) + _____ (therapy)

   2) 무엇을 치료하는가?

      → 미술 활동을 통해서 치료가 이루어짐

      * 개인의 _____ 하는 것

   3) 그림을 통해서 어떻게 치료가 될까?

      → 객관적으로 내 마음을 바라볼 수 있는 계기가 됨

      * 미술 치료: _____

      _____

2. _____

   1) _____

   _____

   _____

      → 프로이트(Sigmund Freud)의 주장   예) 인간의 기억 또는 꿈 등

2) 미술 치료 창시자들의 두 가지 견해(이론)

	마가렛 나움버그 (Margaret Naumburg)	이디스 크레이머 (Edith Kramer)
공통점		
차이점		

3) 현대의 입장

Art in therapy가 중심

이유:

◇◇◇◇◇◇◇◇◇◇◇◇◇◇◇◇◇◇◇◇◇◇◇◇◇◇ **준비하기** ◇◇◇◇◇◇◇◇◇◇◇◇◇◇◇◇◇◇◇◇◇◇◇◇◇◇

◘ 다음은 강의 교재의 일부입니다. 읽고 질문에 답해 봅시다.

　　미술 치료를 이해하기 위해서는 먼저 미술 자체가 가진 속성을 파악할 필요가 있다. 미술의 본질은 크게 감각, 내면의 시각화, 거리 두기, 보유, 아름다움으로 나누어 볼 수 있다. 우선, 감각이라는 것은 의식과 무의식보다 더 본질적인 차원이다. 어린 아이들은 감각으로 느끼고 감각으로 생각을 한다. 어린아이들은 깊은 사유를 할 수 없기 때문에 감각을 통해서 느끼고 생각을 한다. 이러한 특성을 활용해 어린 시절의 과거로 돌아가서 그 감각적인 내면의 본질을 마주하면 심리적인 갈등이 해결된다. 둘째, 그림을 통해 내면을 시각화함으로써 그리는 사람의 마음을 드러낼 수 있다. 언어로 하는 심리 치료보다 조금 더 빨리 자신의 마음을 바라볼 수 있다. 셋째, 거리 두기는 미술 작품으로 구현된 자신의 내면을 한 발짝 떨어져 거리를 두고 바라볼 수 있음을 의미한다. 미술 작품은 하나의 독립된 객체이므로 사람과 미술 작품을 분리하여 볼 수 있다. 그러므로 미술을 통해 사람과 그가 지닌 문제를 분리하여 바라볼 수 있다. 넷째, 보유는 미술 치료에서 아주 중요한 속성이다. 보유는 미술의 '담아내는 기능(container)'을 의미한다. 미술 재료는 그리는 사람의 감정을 받아들이고, 형태를 부여한다. 또한 내담자는 일정한 크기의 도화지에 그림을 그림으로, 감정이 도화지 안에 담길 수 있음을 즉 보유할 수 있음을 상징적으로 경험할 수 있다. 더불어 치료사는 내담자의 내면이 미술 작품으로 나타난 것으로 전제하고 내담자와 함께 이야기를 나누며 치료를 하게 되는데 그 과정에서 치료사가 내담자의 감정을 이해하고 담아내는 것도 보유이다. 다섯째, 아름다움이다. 미술에서 추구하는 기본적인 속성이지만 미술 치료에서의 아름다움은 그림을 예쁘게 잘 그리는 스킬을 의미하지 않는다. 진정한 아름다움은 진실을 그리는 것, 그리고 정성을 다해서 끝까지 완성하는 데에 있다.

　　그렇다면 미술 치료가 이루어지기 위해 어떠한 미술 작업이 필요할까? 감정이 표현되어야 한다. 그림을 그리기 위해서는 마음이 편안한 상태가 되어야 한다. 치료사는 내담자의 마음이 드러나지 않으면 시간이 걸리더라도 기다려야 한다. 그림을 그리는 사람의 감정이 그림을 통해서 나타났을 때, 치료가 이루어진다. 그리고 그림을 끝까지 완성하고자 하는 노력이 중요하다. 솔직하고 진실한 마음이 드러나고, 마지막까지 완성이 됐을 때, 치료가 이루어지는 미술 작업이라 할 수 있다.

미술 치료만의 여러 가지 장점이 있다. 먼저, 미술 치료는 미술 작업을 통해서 치료하는 것이기 때문에, 우리 눈으로 볼 수 있는 제3의 객체가 되어서 나온다. 그림이든 조형이든 시간을 두고 이미지를 볼 수 있다는 장점이 있다. 그리고 비언어적 즉 감각을 활용하기 때문에 언어치료 등에 비해 의식적으로 방어하며 자신의 마음을 감추려는 경향이 줄어들 수 있다. 더불어 마음이 미술 작품으로 표현되므로 자신의 마음을 대상화하여 객관적인 눈으로 볼 수 있다. 마지막으로 중요한 사람과 과거에 해결되지 않은 심리적 갈등이 있다면 이것을 미술 작품으로 전이시킬 수 있다. 그렇게 전이가 일어나면 그 부정적인 감정이 고스란히 엉뚱한 사람에게 옮겨 가는 일 없이 미술 작품이라는 보다 안전한 방법으로 해소될 수 있다.

1. 미술의 본질이 무엇입니까?

2. 미술 치료에서 '거리'는 어떤 의미입니까?

3. 미술 치료가 이루어지기 위해서는 어떤 미술 작업이 필요합니까?

4. 미술 치료에서 '전이의 해소'가 무엇입니까?

○ 중요하다고 생각되는 용어를 찾아 정리해 봅시다.

☐ _____ : _____

☐ _____ : _____

☐ _____ : _____

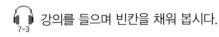 강의를 들으며 빈칸을 채워 봅시다.

1. 지금 우리는 의식을 가지고 생활을 하고 있고, 그 뒤에서는 깊은 무의식이 존재를 한다. (　　　　　　)이나 (　　　　　)을 치료하기 위해서는 (　　　　　)이 아닌 좀 더 더 깊은 곳으로 내려가는, 더 본질적인 차원으로 가서 (　　　　　)으로 내려가야 된다.

2. 두 번째 미술의 속성은 (　　　　　　　)이다. 언어로만 하는 심리 치료보다는 조금 더 빨리 (　　　　　)을 바라보고 또 (　　　　　)되어 있는 상태에서 자신의 마음을 드러낼 수 있다.

3. 세 번째 (　　　　　) 바라볼 수 있다. 그래서 한 작품을 만들어 냈을 때 어느 정도 거리를 두고 볼 수 있기 때문에 (　　　　　)에서는 중요한 (　　) 이다.

4. 네 번째 (　　　)는 미술 치료에서 굉장히 중요한 속성이다. 치료사가 내담자의 (　　　　　　　　), 그런 것들이 일어났을 때 치료사는 인내해 줘야 되고, 마지막까지 믿어 줘야 되고, 그 힘든 마음을 이해해 주는 것을 넘어서 (　　　　) 된다.

5. 다섯 번째는 (　　　)이다. 미술 치료에서 아름다움은 예쁘게 그릴 필요도 없고, 그림에 대한 지식이나 기술이 전혀 없어도 상관이 없다. 중요한 것은 진실을 그려야 된다는 것이다. (　　　　　)을 그리도록 노력하고 정성을 다해서 끝까지 (　　　　　)이 중요하다.

6. 치료가 이루어지기 위해서는 어떠한 미술 작업이 필요한 것인가를 살펴보

자. 첫 번째는 (   )되어야 한다. 우리들의 어떤 감정, 내면에 있는 마음속에 있는 그런 마음들, 생각들, 이런 것들이 그림에 드러날 수 있도록 그림을 그려야 치료가 이루어진다…. 그래서 그림에는 마음이 표현이 되어야 되고, (   )이 보여져야 되고, 지금 그 사람의 감정이 그림을 통해서 나타났을 때, 그것이 치료가 이루어지는 (   )이라고 할 수 있다. 세 번째 (   )이 중요한데, 그림을 그리다가 좌절이 올 수 있다…. 그렇지만 그때도 조금 그런 (   ) 그때 또 치료사가 이해해 주고, 할 수 있다고 도와주고 그렇게 마음으로 (   )를 해 주면 완성할 수 있다.

7. 우리 눈으로 볼 수 있는 하나의, (   )가 되어서 나온다. 두고두고 우리들의 마음을 다시 바라볼 수도 있고 우리들의 마음을 어느 정도 거리를 두고 (   ) 수 있기 때문에 (   )로만 하는 치료보다는 (   ) 안에 마음이 드러날 수 있다.

8. 비언어적이다. (   )이다. 비언어적인 것은 그림을 그리기 때문에 언어로만 하지 않는다는 것이다. 그래서 그림을 통해서 우리들의 마음을 드러낼 수 있기 때문에 조금 더 마음의 어떤 저항이나 내가 의식적으로 하지 않으려고 회피하려고 하는 그런 (   )될 수 있기 때문에 장점을 가지고 있다…. 방어가 감소된다는 것은 미술이기 때문에 하고 싶지 않은 말들을 안 하게 되고 그림을 통해서는 조금 (   )들을 그려도 누가 뭐라고 하지 않고 또 그것은 아주 (   )으로 지켜지기 때문에 방어가 많이 감소된다고 할 수 있다.

9. 객관화, 대상화라는 것은 하나의 (   )으로 우리들의 (   ) 때문에 … 객관화돼서 볼 수 있고 또 하나의 내 마음에서 드러나온 밖으로 (   )되어 나온 하나의 (   )이기 때문에 다른 대상으로 봤을 때… 좀 더 객관적인 눈으로 바라볼 수 있다.

10. 과거에 아주 (   )에 있어서 느꼈던 감정들, 그때 해결되지 못했던
    (   ) 등 그런 것들이 지금 현재의 내 앞에 있는 관계, 지금 내 앞
    에 있는 무엇인가에 그 감정이 그대로 드러나는 것이 (   )라고 한다….
    이 그림이 보기 싫다고 말할 수도 있다. 이런 것들이 (   )가 된 것
    인데, 이러한 전이가 아주 (   )가 될 수 있다. 다른 사람
    에게 어떤 제3자의 사람에게 간다면 조금 위험한 전이가 있을 수도 있지만
    그림을 향해서 하는 것은 안전한 방법이기 때문에 안전하게 (   )
    될 수 있다.

11. 변화했던 중요한 순간의 (   ) 위해서 그때 그렸던 그림이나 작품
    을 다시 꺼내 본다면 그때의 기억을 떠올릴 수 있기 때문에 (   )이
    미술 치료의 장점이라고 할 수 있다.

🖥 강의 동영상을 보면서 필기를 해 봅시다.
7-4

[20   년   월   일]

1. 미술의 본질(속성)

   1) _____

     - _____(말, 행동)들은 의식이 ____함

     - _____을 치료하기 위해 _____

      _____으로 내려가야 됨

     - 어린 시절의 과거로 돌아가서 _____

      _____

   2) _____

     - 사람의 마음은 드러나기 마련임

     - 언어 심리 치료보다는 _____

      _____ ★강점

   3) _____

     자신의 마음, 감정, _____ 등을 _____으로 볼 수 있음

   4) _____

     - _____

     ⇒ 치료사의 역할: _____

     ▶ _____에 비유할 수 있음

      예) 울면서 짜증을 내는 아이에 대한 엄마의 태도

     - 내담자는 _____

      _____

      _____도 함

     ⇒ _____ : _____

5) _____(아름다움)

  - _____

  ⇔ _____

  ∴ _____ 등 모든 감정을 솔직하게

    진실하게 드러냈을 때 진정한 아름다움

★
중요

2. 미술 치료가 _____

  치료가 이루어지는 미술 작업이란?

  미술을 하면 무조건 치료가 될까?   그렇지 않음

  그림을 그리면 다 누구나 마음의 치료가 될까?

  → _____

  1) _____

    - _____

    - 긴장을 많이 했다거나 마음을 드러내지 않으려는 _____

      _____

      → 치료사는 _____

        내담자는 _____

  2) _____

    - _____

      _____

  3) _____

    - _____

      _____

    → 어려운 과정을 넘기고 치료사가 이해해 주고, 도와주고 따뜻하게

      보유를 해 주면 완성할 수 있음

3. 미술 치료의 장점

  1) _____

－ _____

　: 눈으로 볼 수 있는 하나의, _____

　▶ 우리들의 마음을 어느 정도 거리를 두고 _____

　_____

언어 치료	미술 치료

2) _____ (=감각적)

　－ _____

　　_____

　－ _____하기 때문에 인간의 깊은 마음으로

　　돌아갈 수 있고, _____

　　_____

3) 방어의 감소

　그림을 통해서

　　조금 위험한 그림들,

　　조금 부정적인 그림들,

　　두려움이 느껴지는 그림들,　　_____

　　공포가 느껴지는 그림들　　_____ ★

4) _____ (대상화)

　－ _____

　　내 안에 있을 때 바라보지 못했던 마음을 _____

　　★_____으로 바라볼 수 있음

5) 전이의 해소

    - 전이란?

    _____

    _____

    _____

    그림을 그리는 것이 싫다 ⎫
    그림을 찢어 버리고 싶다 ⎬ _____
    그린 그림이 보기 싫다 ⎭

6) _____

    - 그림이나 어떤 조형물은 _____이 됨

    - 어떤 변화의 순간, 그림을 그리면서 새롭게 깨달았던 감정 → ____

    _____

    반면에, 그렸던 그림·작품은

    ▶ _____ 때문에
    ▶ _____ 때문에

❶ 다음은 '미술 치료의 이해'에 대한 슬라이드입니다. 슬라이드를 보고 발표해 봅시다.

4. 미술 치료를 위한 조건

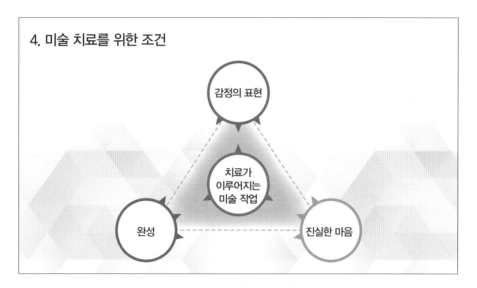

4. 미술 치료를 위한 조건

1) 감정의 표현
   – 마음속에 있는 마음, 생각이 그림에 드러날 수 있도록 그려야 치료가 가능
     치료사는 마음을 열 수 있도록 내담자의 시간을 기다려 주어야 함

2) 진실한 마음
   – 그림에는 마음이 표현이 되어야 되고, 진실한 마음이 보여져야 되고,
     그 사람의 감정이 그림을 통해서 나타났을 때 치료가 이루어짐

3) 완성
   – 그림을 그리다가도 마음에 들지 않게 그림이 그려지거나, 중간에 좌절을 맛볼 수 있음
     어려운 과정을 넘기도록 치료사가 보유해 주어야 함

5. 미술 치료의 장점

5. 미술 치료의 장점

1) 이미지
  - 눈으로 볼 수 있는 하나의, 제3의 객체가 되어서 나옴
  ▶ 마음을 거리를 두고 객관적으로 바라볼 수도 있기 때문에 언어 치료보다는 조금 더 빠른 시간 안에 마음이 드러날 수 있음

2) 비언어적, 감각적
  - 오감을 활용, 인간의 기본적인 감각을 사용
  ▶ 깊은 마음으로 돌아갈 수 있음, 어린 시절에 해결되지 못했던 감정으로 돌아갈 수 있음

3) 방어의 감소
  - 그림을 통해서 아주 안전한 방법으로 지켜짐
  ▶ 미술 치료의 큰 효과

5. 미술 치료의 장점

4) 객관화, 대상화
  - 마음이 작품으로 표현되어 밖으로 나와서 하나의 대상으로 바라볼 수 있음
  ▶ 객관적인 눈으로 바라볼 수 있음

5) 전이의 해소
  - 전이: 과거에 아주 중요한 관계에 있어서 느꼈던 감정들, 그때 해결되지 못했던 심리적인 갈등 등이 현재의 내 앞에 있는 관계, 지금 내 앞에 있는 무엇인가에 그 감정이 그대로 드러나는 것
  ▶ 전이가 안전한 방법으로 해소될 수 있음

6) 보존
  - 그림이나 어떤 조형물은 영구적인 물건으로 보존이 됨
  변화의 순간이나 그림을 그리면서 새롭게 깨달았던 감정을 작품을 보면 떠올릴 수 있음

❷ 다음은 시험 문제입니다.

생각 열기

□ 의복의 범주와 어울리는 그림을 연결해 보십시오.

의복의 범주

토가(Toga), 로인클로스(Loincloth)

크리스찬 디올(Christian Dior)의
뉴룩(New look)

판초(Poncho)

소방복

페티코트(Petticoat)

저고리, 카프탄(Kafftan)

위로부터 쓰듯이 입는 옷
(Pull-on clothing)

단위복
(Modular clothing)

몸에 꼭 맞는 옷
(Close-fitting)

의도적인 장식이
들어간 옷
(Artificial clothing)

재단되고 바느질되어
약간 몸에 맞는 옷
(Cut and sewn,
semi-fitted clothing)

늘어뜨린 옷
(Draped apparel)

바디수트(Body suit)

티셔츠

토가 스타일의 현대 복식

등산복

망토(Manteau), 레인코트(Raincoat)

러플칼라(Ruffle collar)

◇◇◇◇◇◇◇◇◇◇◇◇◇◇◇◇◇◇◇◇◇◇◇◇ **준비하기** ◇◇◇◇◇◇◇◇◇◇◇◇◇◇◇◇◇◇◇◇◇◇◇◇

◘ 다음은 강의 자료의 일부입니다. 슬라이드를 보고 질문에 답해 봅시다.

학습 목표

- 실기 과정 수업 전에 의상 혹은 패션의 기본적인 개념과 용어를 공부하고 의상의 유형과 발전 과정을 살펴봄
- 패션, 패션 디자인에 관한 용어들을 알아보고 그 어원과 사전적 의미 등을 살펴봄으로써 패션의 개념을 분명히 이해함
- 의복의 유형과 유래에 대해 공부함으로써 패션의 변화와 흐름에 대해 이해함

패션(Fashion)의 어원

- 팩티오(factio): 행위나 활동하는 것(doing), 만드는 것(making)

  1) 취향에 따라서 끊임없이 변하는 현재의 유행

  2) 종종 옷이나 모습에 쓰임

  3) 음악, 예술, 정치, 수학과 프로그래밍 기술의 선택까지도 포함

- 좁은 의미에서 의복의 유행을 가리켜 쓰이곤 하지만 가구, 공예, 건축, 인테리어, 액세서리 등 광범위한 범위에 적용되어 쓰이기도 한다.
- 패션은 미학과 혁신의 틈에 있는 것이다.

패션 (Fashion)		디자인 (Design)		패션 디자인 (Fashion Design)
유행 유행하는 방식 양식(Style) 풍조(Trend)	+	계획 의도 마음의 계획 상징	=	"이런 옷을 입고 이렇게 살아가기로 하자"는 일종의 사회적 약속
모든 생활 양식 자체		특정 문화를 대변하는 상징체		

패션 디자인(Fashion Design) 개념의 정리

인간의 삶의 전체를 계획하고 만드는 것
머리부터 발끝까지의 모든 것에 대한 디자인을 의미

"특정한 시기에 특정 문화를 대변하는 상징체로서 이런 옷을 입고 이렇게 살아가기로 하자" 는
일종의 사회적 약속

- 패션 디자이너: 이러한 약속을 제안하는 사람들
- 수업에서는 특히 의상에 관한 것을 다루고 있음

---

1. '패션'이라는 용어는 어디에서 유래했습니까?

2. '패션'과 '디자인'은 각각 어떤 의미입니까?

3. 이 수업에서는 패션 디자인을 어떻게 정의하고 있습니까?

🎧 강의를 들으며 빈칸을 채워 봅시다.
8-1

1. 일상적으로 사용되거나 (　　　)으로 정의된 전문용어들 외에도 (　　　)
   에는 (　　　)마다 새로운 신조어들이 많이 생겼다가 사라지곤 한다.

2. 지금은 당연하게 사용되고 있는 쇼킹핑크(shocking pink)는, 1920년~30년대
   에 활동했던 디자이너 엘사 스키아파렐리(Elsa Schiaparelli)가 재킷에 처음 사
   용했던 (　　　　　)을 보고 사람들이 반응을 보인 데서 (　　　　)되어서
   만들어진 색 이름이다. 쇼킹핑크(shocking pink)는 이제 패션에서 중요하게 사
   용되는 색 이름으로 (　　　)로 탄생된 단어가 수용되어져서 (　　　　　)
   로 정착된 좋은 예이다.

3. 복식, costume, clothing이라고 표현되어지고, 이 단어는 머리끝부터 발끝
   까지 (　　　　　)하는 모든 것을 (　　　　　)한다. 또한 특정 시기의
   (　　　　　)을 의미하기도 한다.

4. 의복은 (　　　　　　　　　　　)를 부여하는 경우에 주로 사용되
   는 용어이다. 여기에는 T. P. O(Time, Place, Occasion)의 (　　　　)이 들어간
   표현이다.

5. 의상, costume 혹은 wardrobe이라고 표현이 되어지는데, 이 단어는
   (　　　　　)에 관한 옷으로 무대의상 등과 같이 (　　　　)의 옷을 말하
   기도 한다.

6. 패션에 대한 사전적 의미를 위키피디아(Wikipedia)에서는 패션은 현재의 끊
   임없이 (　　　　　)으로 이루어진다. (　　　　　　)인 이유보다

는 사소한 (　　　)에 따라서 변화한다.

7. 각각의 용어들은 옷을 의미하지만 조금씩 미묘한 차이가 있어서, 사용되는
   (　　　　　　)에 따라서 적절한 (　　　　　　)이 가능하다.

8. 패션의 (　　　)은 팩티오(factio)라는 라틴어에서 (　　　)되었다. 팩티오는
   doing 혹은 (　　　　)하는 것, 혹은 만드는 것, making이라는 뜻이다.

9. 패션의 사전적 의미는 '양식, 방식, 형, 유행, 관습, 습관' 등으로 다양하며
   (　　　　)에 걸쳐서 (　　　　　　　)하는 것으로 요약할 수 있다. 그러
   니까 실제로 옷뿐만이 아니라 현재의 모든 (　　　　) 그 자체가 패션이라
   고 할 수 있다.

10. 패션은 우리가 지금 살아가고 있는 (　　　　　　)에 관한 것을 의미하지만 이
    수업에서는 패션을 사람의 (　　　　　　　　)까지 쓰고, 입고, 신고, 걸
    치는 모든 것에 대한 (　　　　　　)의 양식, style, 혹은 트렌드(trend)로
    범위를 정하고 공부하도록 하겠다.

11. 디자인은 단순히 사용하기 편리하고 보기에 좋은 (　　　　　　)을 만들어
    내기 위한 계획이 아니라 "이렇게 살아가기로 하자"라는 (　　　　　　)을 약속
    하는 것이다. 형태와 제작 방법에 관계없이 (　　　　　　)을 행사하고 특
    정문화를 대변하는 (　　　　)라고 할 수 있다.

12. 패션 디자인은 특정한 시기에 (　　　　　　　　　　)로서 이런 옷을
    입고 이렇게 살아가기로 하자라는 일종의 (　　　　　　)이라고 할 수 있다.

13. 패션 디자이너는 이러한 (　　　　　　)을 사회적으로 사람들에게 (　　　)하
    고 그것을 함께 하자고 (　　　)할 수 있는 사람들이라고 할 수 있다.

🖥️ 강의 동영상을 보면서 필기를 해 봅시다.
8-2

[20   년   월   일]

학습 목표

- 실기 과정 수업 전에 의상 혹은 패션의 기본적인 개념과 용어를 공부하고 의상의 유형과 발전 과정을 살펴봄
- 패션, 패션 디자인에 관한 용어들을 알아보고 그 어원과 사전적 의미 등을 살펴봄으로써 패션의 개념을 분명히 이해함
- 의복의 유형과 유래에 대해 공부함으로써 패션의 변화와 흐름에 대해 이해함

1. 패션 관련 _____

- 조금씩 뜻하는 _____ 일반적으로 _____

_____

- 일상적으로 사용되거나 _____된 _____ 외에도 _____

_____

예) _____(shocking pink): 1920년~30년대에 활동했던 디자이너
    엘사 스키아파렐리(Elsa Schiaparelli)가 _____

    _____

    → 패션계에 갑자기 나타나 수용되거나 사라지거나 하는 용어들을
       잘 살펴보면 그 시대의 _____

2. 패션을 지칭하는 다양한 용어

   1) 복식(costume, clothing):

   _____

   _____

   _____

2) 패션(fashion):

_____

_____

_____

3) 의복(clothes, clothing):

_____

_____

_____

4) 의류(apparel):

_____

_____

_____

5) 의상(costume, wardrobe):

_____

_____

_____

6) 옷(garment, dress):

_____

_____

★ _____

_____

3. _____

1) 패션의 어원

_____ : '행위나 활동하는 것(doing)', '만드는 것(making)'

2) 패션의 사전적 정의
- Wikipedia에서는 '현재의 끊임없이 변화하는 유행'이란 뜻으로 의복의 유행, 가구, 공예, 건축 등 광범위한 범위에 적용됨
- Oxford 사전 정의
  - _____
  - _____
  - 패션, 의류업
  - 패션의 사전적 의미: _____
    _____
    → _____

3) 디자인(design)
- 이 수업에서의 '패션'은 _____
  _____
  '데생(dessin)', '디세뇨(diseño)'에서 유래: _____
  _____
  : 회화를 위한 계획, 즉 밑그림이라는 뜻
∴ 디자인: ① _____
  _____
  ② _____
  _____
  _____

4. 패션 디자인 개념의 정리

▶ 패션이란?

_____

_____

_____

_____

▶ 디자인이란?

_____

_____

_____

_____

▶ 패션 디자인(패션+디자인)

_____

_____

_____

_____

▶ 패션 디자이너란?

_____

_____

_____

_____

◇◇◇◇◇◇◇◇◇◇◇◇◇◇◇◇◇◇◇◇ **준비하기** ◇◇◇◇◇◇◇◇◇◇◇◇◇◇◇◇◇◇◇◇

◨ 다음은 강의 교재의 일부입니다. 읽고 질문에 답해 봅시다.

　　옷의 발달을 역사적으로 조명해 보면, 직사각형, 사각형, 삼각형과 같은 단순한 기하학적인 형태에서 시작되어, 인체의 모양을 모방한 입체로 발전하였다가 다시 평면으로 돌아가는 순환을 반복하면서 발전해 나가고 있다. 즉, 평면-입체-평면 이 반복되는 순환이다.

　　이러한 의복에는 여러 범주가 있는데, 각각의 범주에 속하는 의상들이 서로 어떻게 영향을 주면서 현재까지 발전해 왔는지를 살펴보겠다.

　　첫 번째, 늘어뜨린 옷(Draped apparel)이다. 이 의상들은 한 장 혹은 두 장의 긴 천을 몸에 감는 형태로, 고대 복식에서 많이 나타난다. 대표적으로 로마의 토가(Toga), 그리스의 키톤(Chiton), 이집트의 로인클로스(Loincloth) 등이 그 예이다.

토가(Toga), 로인클로스(Loincloth)

　　두 번째는 위로부터 쓰듯이 입는 옷(Pull-on clothing)이다. 이 범주의 의상은 두 손의 활동 가능성에 대해서 의식하기 시작한 것으로 볼 수 있다. 대표적으로 판초(Poncho), 레인코트(Raincoat) 등이 여기에 속한다.

판초(Poncho)

　　셋째, 재단되고 바느질되어 약간 몸에 맞는 옷(Cut and sewn, semi-fitted clothing)이다. 한국의 저고리, 터키의 카프탄(Kaftan), 그리고 일상적으로 우리가 가장 많이 입는 티셔츠(T-shirt)가 여기에 속한다.

저고리, 카프탄(Kafftan)

　　넷째, 몸에 꼭 맞는 옷(Close-fitting)이다. 이 범주의 의상은 인간의 인체를 그대로 모방하고 재현하고자 하는 욕구에서 출발했다. 신체를 구조적으로 분석하고 이를 구현하기 위해 패턴과 재단법, 봉재 기술을 발전시켰다. 크리스찬 디올(Christian Dior)의 뉴룩(New look), 바디수트(Body suit), 스포츠웨어(Sportswear) 등이 이에 해당한다.

크리스찬 디올(Christian Dior)의
뉴룩(New look)

　다섯째, 의도적인 장식이 들어간 것(Artificial clothing)이다. 중세의 복식에서 가장 많이 볼 수 있다. 여성들의 페티코트(Petticoat), 과장된 러플칼라(Ruffle collar) 등이 이에 해당하고, 오늘날 영화 의상에서 재현되어 나타나거나 컬렉션(Collection)에서 발표되어 재해석되기도 한다.

페티코트(Petticoat)

　마지막으로 단위복(Modular clothing)이다. 단위복은 한 벌의 옷이 기능적인 단위들로 구성되어 있는 것을 말한다. 예를 들어 우주복이나 소방복, 등산복 등 특수복에서 옷의 부분, 소매, 혹은 베스트, 바지 등을 기능적으로 탈부착 할 수 있게 디자인되어 있는 것이다.

우주복

1. 옷은 어떤 형태로 발달하고 있습니까?

2. 의복의 범주를 나누는 기준은 무엇입니까?

3. 의복의 6가지 범주에는 어떤 것이 있습니까?

4. 의복의 범주에 속하는 옷들의 특징은 무엇입니까?

● 중요하다고 생각되는 용어를 찾아 정리해 봅시다.

☐ _____ : _____

☐ _____ : _____

☐ _____ : _____

강의를 들으며 빈칸을 채워 봅시다.

1. '패션 세계에 새로운 것이 없다'라는 (   )이 의외이고 살짝 놀랍다. 그러나 이 말의 의미를 한번 살펴보면 모든 패션은 아무것도 없는 (   )되는 것이 아니라 전 시대의 복식에서부터 이어져 (   )는 것을 의미한다.

2. 옷의 발달은 직사각형, 사각형, 삼각형과 같은 단순한 (   )에서 시작되었고 (   )로 발전하면서 다시 (   )으로 돌아가는 사이클(cycle)을 반복하면서 발전해 나가고 있다.

3. 실루엣(silhouette)의 변화를 역사적으로 살펴보면 그리스의 옷에서처럼 (   )을 따라 자연스럽게 나타났다가 르네상스(Renaissance)의 패션처럼 (   )까지 발달되고 최근에서는 패션에서는 평면 의상이 다시 등장하는 것을 보며 (   )이 반복되는 것을 알 수 있다.

4. 첫 번째, 늘어뜨린 옷(Draped apparel)이라고 표현이 되어질 수 있는데, 이 의상들은 한 장 혹은 두 장의 긴 천을 (   )로 고대 복식에서 많이 나타난다.

5. 두 번째에는 위로부터 쓰듯이 입는 옷(Pull-on clothing)이라고 할 수 있다. 이러한 범주의 의상은 (   )하여 머리를 넣어서 옷감이 어깨에 걸쳐지게 되니까 (   )하게 되는 기능성에 대해서 의식하기 시작된 것으로 볼 수 있다.

6. 세 번째로는 재단되고 바느질되어져서 약간 몸에 맞는 옷(Cut and sewn, Semi-fitted clothing)이라고 표현되어질 수 있다. 티셔츠(T-shirt)는 T자형의 (   )되고 발전된 형태라고 할 수 있다.

7. 옷도 원래의 인체를 그대로 (   )하고자 하는 욕구를 가지고 있어서 신체를 (   )하고 이것을 다시 만들기 위해서 패턴(pattern)과 재단법, 봉재 기술을 발전시켰다고 볼 수 있다.

8. 몸에 꼭 맞는 옷들은 시대가 지나면서 (   )이 발달하고 옷을 (   )로 표현하면서 정말로 인체에 꼭 붙도록 바디수트(Body suite)와 같은 (   )도 등장하게 되었다.

9. 다섯 번째로는 의도적인 장식이 들어간 것(Artificial clothing)이다. 이러한 옷의 형태는 중세의 (   )에서 가장 많이 볼 수 있는데, 옷을 통해서 신체를 더 크게 혹은 과장되게 보이게 해서 (   )하기도 하고 또한 이를 통해서 (   )를 분명히 하는 역할을 하기도 했다.

10. 여섯 번째로는 단위복(Modular clothing)을 볼 수가 있겠는데, 단위복은 뜻 그대로 한 벌의 옷이 (   )들로 (   )되어 있는 것을 말한다.

🖥️ 강의 동영상을 보면서 필기를 해 봅시다.
8-4

[20   년   월   일]

1. 의복의 발달 과정

  1) 직사각형, 사각형, 삼각형과 같은 _____

    → _____ → _____

  ★중요

  2) 옷의 외형인 _____

  그리스의 옷: _____ → 르네상스의 패션: _____

    → _____ ★ _____

2. 의상의 유형과 발전 과정

  1) _____ (Draped apparel)

    – _____

      _____

    – _____ 만들 수 있음

    – 현대에는 _____

      _____

  2) _____ (Pull-on clothing)

    – 단순한 _____ 등 원단에 _____ 을

      _____

    – _____ 을 인식

    – _____ 하여서 허리를

      묶거나 해서 _____

토가   (   )

(   )

(   )   (   )

3) _____

_____ (Cut and sewn, Semi-fitted clothing)

– _____ (예: 시스스커트) →

_____를 생각해서

_____과 두 다리를 분리한

_____ 등이 있음

– _____

_____

→ _____ T자의 형의 옷을 만듦

– 동양의 전통 복식에서 찾아볼 수 있음

저고리   (   )   티셔츠

4) _____ (Close-fitting)

– _____ → _____

→ _____

예) 재킷: _____

크리스찬 디올의 _____ : _____

_____

– _____

_____

예) 바디수트, _____

(   )   바디수트

5) _____ (Artificial clothing)

  – _____

  – _____

  – _____

  – _____

  – 여성들의 신체를 왜곡하고 표현하고 강조

  – 오늘날 _____ 되고 있음

  ( )

6) _____ (Modular clothing)

  – _____

  – 우주복이나 소방복 등 _____에서 옷의 부분, 소매, 혹은

  베스트(vest), 바지 등이 _____하도록

  디자인되어 있는 것

  – 일상복, 등산복, 레저용 혹은 스포츠웨어 등에 적용되어서 _____

  _____하거나 혹은 시원하게

  해주는 역할

❶ 다음은 '패션 디자인 입문'에 대한 슬라이드입니다. 슬라이드를 보고 발표해 봅시다.

〈의복의 범주〉

1) 늘어뜨린 옷(Draped Apparel)
  – 한 장 혹은 두 장의 긴 천을 몸에 감는 형태로 고대 복식에서 많이 나타남
  – 현대에는 디자인 영감의 원천이 되어서 다양한 형태의 패션으로 발표되고 있음

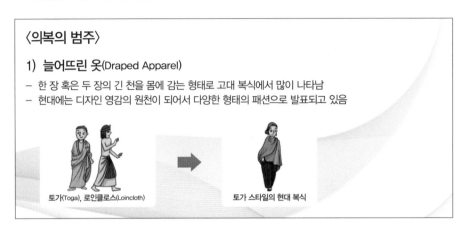

토가(Toga), 로인클로스(Loincloth)　　토가 스타일의 현대 복식

2) 위로부터 쓰듯이 입는 옷(Pull–on Clothing)
  – 단순한 원형, 사각형 등 원단에 머리가 들어가는 구멍을 내고 위로부터 쓰듯이 입는 형태
  – 두 손의 활동 기능성을 인식함

판초(Poncho)　　망토(Manteau), 레인코트(Raincoat)

3) 재단되고 바느질되어 약간 몸에 맞는 옷(Cut and sewn, semi–fitted clothing)
  – 초기에는 몸매만을 드러내는 형태 → 인체의 구조를 생각해서 팔을 감쌀 수 있도록 변화함
  – 인체의 구조를 고려하고 기능을 부여한 의상의 시작

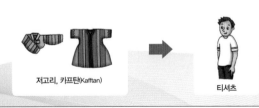

저고리, 카프탄(Kafftan)　　티셔츠

4) 몸에 꼭 맞는 옷(Close-fitting)

- 인체를 그대로 모방하고자 하는 욕구에서 신체를 구조적으로 분석함
- 패턴과 재단법, 봉재 기술을 발전시킴

크리스찬 디올(Christian Dior)의
뉴룩(New look)

바디수트(Body suit)

5) 의도적인 장식이 들어간 것(Artificial Clothing)

- 중세의 복식에서 가장 많이 나타남
- 옷을 통해 신체를 과장 → 사회적 지위나 명예 등을 과시, 신분의 차이를 나타냄

페티코트(Petticoat)

러플칼라(Ruffle collar)

6) 단위복(Modular clothing)

- 한 벌의 옷이 기능적인 단위들로 구성되어 있음
- 특수복에서 옷의 부분, 소매, 혹은 베스트, 바지 등이 기능적으로 탈부착이 가능하도록 디자인되어 있음

우주복

소방복

등산복

❷ 다음은 시험 문제입니다.

<table>
<tr><td colspan="2">20   학년도 제   학기</td><td colspan="2" align="center">**시험답안지**</td></tr>
</table>

과목명		학위과정	학사/석사/박사/석·박사 통합	담당교수명	

대학 학부(과) 학년	학번 번	성명		검인	

의복의 범주를 설명하고, 각각의 특징에 대해 서술하시오.	성적

특징을 설명할 때에는
그 특징을 잘 드러내는 의복을 예로
제시하는 것도 좋은 방법이에요.

사회학 입문

 생각 열기 ▣ '사회학'과 관련된 다음 용어의 의미를 생각해 봅시다.

사회적 존재

사회적 계층

사회적 변동

사회 질서에 대한
거시적 관점

사회 질서에 대한
미시적 관점

성악설

1 정보 기술이 발전하면서 옛날에는 일반인들이 접하지 못했던 전문적인 정보도 쉽게 구할 수 있게 되었어.

2 사회가 혼란스럽지 않게 규칙이 유지되는 것은 법이 사람을 억압하기 때문이야.

3 사람은 원래 이기적이고 자기중심적인 존재야.

4 사람들 간의 상호작용에 문제가 없을 때 사회 질서가 유지되는 거야.

5 산업혁명으로 인해 노동자라는 새로운 계층이 등장했어.

6 사람은 혼자서는 살 수가 없어. 다른 사람과 어울려 살아야 해.

◇◇◇◇◇◇◇◇◇◇◇◇◇◇◇◇◇◇◇◇◇◇◇◇◇ **준비하기** ◇◇◇◇◇◇◇◇◇◇◇◇◇◇◇◇◇◇◇◇◇◇◇◇◇

▣ 다음은 강의 교재의 일부입니다. 읽고 질문에 답해 봅시다.

> 사회학을 한 마디로 말하는 것은 쉬운 일이 아니다. '사회'라는 개념은 사람들 삶의 역동적이고 다층적인 면면을 포함하기 때문에 인간의 본성과 더불어 사회적 차원에서 인간의 행동이나 사회 구조 등 광범위한 영역을 파악해야만 사회를 이해할 수 있다. 그렇기에 사회학의 주요 연구 대상은 인간의 사회적 행위, 집단, 사회의 구조와 변동 등이었다.
>
> 사회학은 특히 자신의 이익을 추구하는 존재인 개인들로 구성된 사회가 어떻게 질서를 유지할 수 있는지에 대해 관심을 두고 있다. 사회 질서란 사회 집단 안에 구성원들의 자발적 의지나 통제 방법에 의해 사회가 일정하고 조화 있는 균형을 지니고 있는 상태를 뜻한다. 사회 질서가 유지되어야 사회도 온전한 기능을 수행할 수 있다. 사회 변동에도 불구하고 사회 질서가 어떻게 유지되는지에 대해 사회학자들은 두 가지 관점에서 설명한다. 미시적 관점에서 개인의 행위, 상호작용의 측면을 강조하기도 하는데 상징적 상호작용론이 이에 속한다. 개인 간의 상호작용에서 서로의 행위를 문제없이 해석하고 수용할 수 있을 때 사회 질서가 유지된다고 본다. 이와 달리 거시적 관점은 사회 구조에 초점을 두는데 기능론이 이에 해당한다. 기능론에서는 사회 구성 요소들은 상호 연관이 되어 있기 때문에 개인이나 집단들이 사회 질서 유지를 위해 합의와 계약을 통해 자신의 역할을 수행한다고 본다.

1. '사회 질서'는 무엇을 뜻합니까?

2. 사회 질서 유지에 대한 미시적 관점은 무엇입니까?

3. 거시적 관점에서는 사회 질서가 왜 유지된다고 보았을지 추측해 봅시다.

❍ 중요하다고 생각되는 용어를 찾아 정리해 봅시다.

☐ ＿＿＿＿＿＿＿＿＿＿ : ＿＿＿＿＿＿＿＿＿＿＿＿＿＿＿＿＿＿＿＿

☐ ＿＿＿＿＿＿＿＿＿＿ : ＿＿＿＿＿＿＿＿＿＿＿＿＿＿＿＿＿＿＿＿

🎧 강의를 들으며 빈칸을 채워 봅시다.
9-1

1. 사회학자들의 가장 핵심적인 관심이 (   )가 어디에서 오느냐 하는
   (   )이다.

2. 사회 질서의 본질에 대해서 (   )에서는 그 개개인의 어떤 행위,
   (   )으로 설명을 하는 학파도 있고 (   )라고 하는 (   )인
   사회 틀을 가지고서 사회 질서의 본질을 설명하려고 하는 틀이 있다.

3. 어떤 인간 사회에서든지 나름대로의 (   )된 후 유지가 되고
   있지만 이것은 변화하기 마련이다···. 이와 같이 사회 질서는 (
)하기 마련인데 혹은 변동하기 마련인데, 이것을 사회학에서
   학술적인 용어로 (   ), 영어로는 'social change'라고 표현한다.

4. 인간은··· 경제학에서는 (   ) 이렇게 표현을 하기도 하지만 사회
   학에서는 인간은 기본적으로 (   )라고 본다.

5. 각 개개인은 자기 자신이 나름대로 생각하고 즉 (   )하고, 그 사고의
   바탕에서 어떤 (   )를 갖고 그 태도에 기반해서 (   )
   을 드러내는, 그런데 그 겉으로 드러낸 동작 자체가 아무런 무의미한 동작이
   아니고, 자기가 이 동작에 나름대로 (   )를 담아 가지고서는 겉으
   로 동작을 드러낸다. 예를 들면은··· 나름대로 의미를 담아가지고 하는 그런
   행위··· 이것을 사회학에서는··· (   ) 혹은 행위라고 부른다.

6. 모든 개개인은··· 의미를 담아서 행위를 하는 것이기 때문에··· 상대방이 있
   는데 그 (   )이 내가 하는 행위가 (   )인지를 제대로 이해할 수

있다라고 하면 거기에 맞춰 가지고서는 친구나 부모님이 그 (
　　　　　　)를 한다.

7. 상호작용에서 그 (　　　　　　　　　　　)들이 서로의 행위에 대해서 담겨
    져 있는 의미를 제대로 (　　　　　)할 수 있다라고 하면, 아무런 (　　　)
    가 없는 상호작용이 이루어질 수 있고 그것이 (　　　　　　　)는 기본
    적인 바탕이 된다. 이렇게 생각하는 관점들이 사회학의 질서를 설명하는
    (　　　　　)의 가장 기본적인 그 (　　　)인 바탕이다.

🖥 강의 동영상을 보면서 필기를 해 봅시다.
9-2

[20   년   월   일]

제목: _____

1. 사회학자들의 주요 관심: _____의 _____

2. 사회 질서의 본질에 대한 두 가지 입장

  ✓ 미시적 관점: _____

  ✓ 거시적 관점: _____

3. _____(social change): _____

4. 인간에 대한 관점

  ✓ 경제학에서는 '_____'

  ✓ 사회학에서는 '_____'

    ⇒ 인간은 개인의 _____

      이를 '_____'이라고 함

    ⇒ 개인이 action을 취하고, 상대방이 reaction을 보이는 것,

      즉 _____ 이 바로 '_____'임

∴ 정리하면,

  미시적 관점에서는 사회 질서 유지의 본질을 _____

  _____이라고 봄

◇◇◇◇◇◇◇◇◇◇◇◇◇◇◇◇◇◇◇◇◇◇◇◇◇ **준비하기** ◇◇◇◇◇◇◇◇◇◇◇◇◇◇◇◇◇◇◇◇◇◇◇◇◇

◻ 다음은 강의 교재의 일부입니다. 읽고 질문에 답해 봅시다.

　　인간은 다른 사람들과 집단을 이루고, 사회를 이루고 사회적 존재로서 살아가는데 이러한 삶의 다양한 모습을 연구하는 학문이 바로 사회학(Sociology)이다. 사회학은 18세기경 태동되었다. 산업혁명 이후 산업사회를 거치면서 노동자라는 새로운 사회 계층이 등장하게 되었는데 이때 왜 이런 변화가 발생했는지에 대해 관심을 갖게 되면서 인간의 본성, 사회 질서 유지 등에 대해 학문으로 접근하기 시작했다. 사회학의 성격을 사회학이 속한 학문 갈래의 특성으로부터 유추해 보면 다음과 같다.

　　우선 사회학은 법칙성의 정도가 낮다. 사회학은 사회과학의 한 학문 갈래이다. 사회과학은 인간 사회의 여러 현상을 과학적·체계적으로 연구하는 모든 경험 과학을 이르는데, 인간 사회와 관련된 현상을 연구하기 때문에 법칙성의 수준이 비교적 낮다. 법칙성이란 어떤 현상들 사이에 항상적인 또는 보편적인 법칙이나 관계를 뜻하는데, 법칙성의 수준이 낮다는 말은 어떤 현상들 사이에 보편적인 규칙이나 관계가 늘 존재하지는 않는다는 뜻이다. 사회학은 인간 사회와 관련된 현상을 연구하는 사회과학에 속하기에 법칙성의 수준이 비교적 낮아 물렁한 과학 또는 소프트 사이언스(soft science)라고도 한다. 이와 달리 자연 법칙에는 보편적인 규칙이 존재하는 경우가 많기에 자연 과학의 경우 법칙성의 수준이 높아 견고한 과학 또는 하드 사이언스(hard science)라고도 한다.

　　사회학에 속한 사회과학은 응용 학문 분야와 기초 학문 분야로 구분된다. 응용 학문 분야는 현실 사회에 대한 응용적 전문성이 상당히 높은 학문들을 포함하는데 행정학, 사회복지학, 신문방송학 등이 대표적인 예이다. 기초 학문 분야(또는 순수 학문 분야)는 다양한 사회 현상에 대해 이론적 기반을 제공하는 사회학, 정치학, 경제학, 심리학 등을 예로 들 수 있다. 그런데 사회학은 기본적으로 기초 학문 분야에 속하지만 세부 전공이 매우 다양하게 구분되기 때문에 응용적 성격이 강한 분야도 존재한다. 소위 학제 간 연구, 통합, 융합, 통섭 등을 통해 연구하는 정치사회학, 사회심리학, 사회정책학, 조직사회학이 그 예이다. 이처럼 사회학은 연구 분야가 포괄적이라는 특성을 지닌다.

1. '사회학'은 무엇을 연구하는 학문입니까?

2. '사회학'은 어떻게 학문으로서 형성되었습니까?

3. '사회학'이라는 학문의 특징은 무엇입니까?

○ 중요하다고 생각되는 용어를 찾아 정리해 봅시다.

☐ _____ : _____
☐ _____ : _____
☐ _____ : _____

강의를 들으며 빈칸을 채워 봅시다.

1. 사회학은 영어로는 'sociology'라고 한다. 그 접두사로는 'socio-'라고 하는 접두사와 그 다음에 '-logy'라고 하는 접미사가 이제 (   ) 가 되겠는데… '-logy'라고 하는 것이 (   )을 의미하는 라틴어에서 출발 했다고 보면 앞에 'socio-'라고 하는 것은 (   )를 의미하는 것이다. 즉 사 회학이라고 하는 것은 간단히 얘기해서 사회에 대한 학문, (   )이다.

2. 사회학에서는 사람의 (   ), 즉 사람이 살아가는 데 있어서 다른 사 람들하고 같이 어떻게 (   )을 이루고, 다른 말로 얘기해서 어떻게 (   )를 이루고 사는지, 그렇게 사는 가운데 있어서 어떤 모습으로 살아 가는지, 이런 (   )을 연구하는 학문이 사회학이라고 할 수 있다.

3. 사회학의 기본적인 관심은 (   )을 거치면서부터 (   )으로 등장 한다. 기본적인 관심은 산업 사회를 거치면서 등장한 (   )가 과거, 산업 사회 이전 사회, 즉 (   ) 이렇게 부르는데 산업사회 이전하고 어떻게 차이가 나는가… 또 향후에는 미래에는 인간 사회에 어떤 변화가 있 게 될 것인가 이런 것에 대한 그 관심에서부터 사회학이 (   ) 되기 시작했다.

4. 사회학은 더 넓은 (   )을 의미하는 사회 과학, social science 이렇 게 영어로 부를 수 있겠는데 사회 과학이라고 하는 영역의 한 (   )이 다…. (   )에 대한 (   )를 하는 학문 영역이 사회 과 학이다.

5. 자연 과학은 영어로는 natural science 이렇게 부른다. 따라서 자연 과학이라고 하는 것은 여러 (   )을 과학적으로 연구하는 (   )이다.

6. 사회 과학과 자연 과학을 기본적인 (   )이 다른 두 학문 분야라고 (   )를 했을 때… 중요한 차이점이 있는데 그것은 흔히 소프트 사이언스(soft science) 대 하드 사이언스(hard science)의 구분, 이렇게 (   )를 한다. 소프트 사이언스는 좀 (   )이다. 하드 사이언스는 '딱딱한'이란 의미라기보다 굉장히 (   )이다.

7. 자연 과학은 그 연구 대상이 (   )이기 때문에… 물리적인, (   ), 생물학적인 (   )가 상당히 높은 편이다. 과학의 수준이 상대적으로 (   )하다.

8. 사회 과학의 경우에는 그것이 사회학처럼 (   )을 (   )으로 하는 것이든… 같은 사회에서도 나라에 따라서도 그 (   ), 이런 것들이 다르게 (   )할 수 있다…. 이런 의미에서 소프트 사이언스(soft science), (   ), 법칙성의 수준이 낮은 과학이라고도 한다.

9. 사회 과학 내에도 상대적으로 (   )에 속하는 그런 학문 영역들이 있고 (   )에 속하는 그런 학문 분야들이, 그렇게 구분이 된다.

10. 기초 학문 분야에서도 예를 들면 심지어 사회학 내에서도 다시 이 (   )의 분야가 굉장히 다양하게 구분이 되기 때문에 (   )에 따라서는 세부 분야에서 (   )이 굉장히 높은 세부 분야가 있을 수도 있다.

11. 사회학의 경우에는 그 연구 분야가 굉장히 (   )이고… 소위 (

        ), 혹은 다른 말로 통합, 융합, 혹은 통섭 이런 표현들이 사용이 되는데
    … 여러 학문들이 같이 동시에 (   )을 가지고 (

)이 강해지면서 사회학과 같은 기초 학문이 여러 학문 분야에 도움
    을 주고 (   )이 매우 높은 학문 분야이다.

12. 산업혁명이 발생을 하면서 그 이전까지의 사회는 주로 인구의 대부분이
    (   )하면서 자급자족적으로다가 그 식량을 생산해서 먹고 사는
    그런 (   )를 특징으로 했는데 그와는 성격이 다른 그런 소위 산업
    사회가 등장을 했다. 도시가 발전하게 되고 (   )을 위한 공장, 작
    업장, 이런 것들이 도시에 생겨나게 되고 그 공장과 작업장에서 일하는 소위
    (   )라고 하는 새로운 (   )이 등장을 했다.

13. 사회철학자 홉스(Hobbs)는 인간을 (   )로서, 개인의 이익을
    가장 중요시하는 존재로 전제했다…. 각자가 (   )을 위해서 투쟁
    을 한다라고 하면 그 사회의 성격은 만인의, (   )가 될
    수밖에 없을 터인데 사회가 유지될 수 있는 바탕, (   )될 수 있는
    그 본질이 무엇일까, 이것에 대해서 이제 답을 얻으려고 했던 학자이다.

14. 『리바이어던(Leviathan)』, 홉스 저작의 어느 페이지인가에 보면 중세 작은
    (   ) 마을 같은 것이 있고 그 뒤에 산이 있는데 그 산 뒤에 어
    떤 (   )과 같은 것이 그 도시 국가를 이렇게 안고 있는 듯
    한 그런 그림이 하나 나온다. 그 그림의 그 괴물이 바로 leviathan이었다.
    Hobbes는 인간 사회의 뭔가 알 수 없는 그런 어떤 (   )가
    있어서 만인의, 만인에 대한 투쟁을 그래도 (   )해 주는 그런 역할
    을 하기 때문에 인간들이, 인간 사회가 사람들이 모여 가지고서는 나름대로
    의 그러한 질서를 유지하면서 (   )할 수 있다고 보았다.

🖥 강의 동영상을 보면서 필기를 해 봅시다.
9-4

[20   년   월   일]

1. 사회학의 개념

> 사회학 ⇒ Socio- + -logy
> '＿＿'를 의미   '＿＿'을 의미

1) ＿＿＿＿＿인 인간이 어떻게 ＿＿＿＿＿을 이루고 살아가는지,
   다양한 ＿＿＿＿＿을 연구하는 학문
2) 사회학의 형성
   - ＿＿＿＿＿＿＿＿＿＿＿＿＿＿＿＿＿＿＿＿＿＿＿＿＿
   - ＿＿＿＿＿＿＿＿＿＿＿＿＿＿＿＿＿＿＿＿＿＿＿＿＿

2. 사회학의 성격

1) ＿＿＿＿＿＿가 상대적으로 낮음
   - ＿＿＿＿＿＿의 한 학문 갈래로 ＿＿＿＿＿＿에 대한 과학적인
     탐구를 하는 영역
   - soft science(소프트 사이언스): ＿＿＿＿＿＿
   - ＿＿＿＿＿에 따라 기본 원리나 법칙이 다르게 ＿＿＿＿＿
     cf. 자연 과학: 연구 대상이 ＿＿＿＿이라
          ＿＿＿＿＿편임 ⇒ hard science(하드 사이언스): ＿＿＿＿
2) ＿＿＿＿＿＿＿＿＿＿＿＿＿＿＿＿＿＿＿＿＿＿＿＿＿
   ① ＿＿＿＿＿＿＿＿＿＿＿＿＿＿＿＿＿＿＿＿＿을 제공함
     - 기초 학문 분야, 즉 순수 학문 분야의 특징임

예) _____ 등

② _____

- 학제 간 연구, 통합, 융합, 통섭 등 _____을 가지고 _____ _____ 연구할 때 도움이 됨

예) 경제사회학, 사회심리학, 사회정책학, 조직사회학 등

3. 사회학의 유래

1) 사회학의 태동

- 산업혁명 이전은 _____ _____

- 산업혁명 이후 _____

등 _____이 생기면서 사회학이 학문적으로 출발함

2) 토마스 홉스(Thomas Hobbes)

토마스 홉스
(Thomas Hobbs)

리바이어던(Leviathan)

- 『Leviathan』의 저자, 사회철학자, _____을 대표하는 서양의 학자

- 인간 사회의 성격을 _____, _____ 상태라고 봄

- 인간을 _____ _____로 전제함

- 그럼에도 불구하고 사회 질서가 유지되는 이유는 _____ _____ _____

⇒ 홉스 이후 _____에 대해 많은 사회 철학자가 본격적으로 연구함

❶ 다음은 '사회학 입문'에 대한 슬라이드입니다. 슬라이드를 보고 발표해 봅시다.

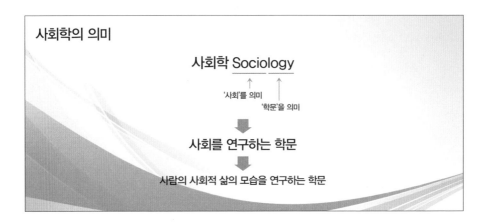

사회학의 성격: 학문 갈래를 통한 비교 2
⇒ 연구 분야가 포괄적임

사회 과학

기초 학문 분야

사회 현상에 대한 이론적 기반을
제공하는 성격이 강한 분야

사회학, 정치학, 경제학, 심리학 등

응용 학문 분야

현실 사회에 대한 응용의 성격이
높은 분야

행정학, 사회복지학, 신문방송학 등

학제 간 연구
통합, 융합, 통섭

정치사회학, 경제사회학, 사회심리학, 사회정책학,
조직사회학 등

〈발표문〉

❷ 다음은 시험 문제입니다.

시험답안지

과목명		학위과정	학사/석사/박사/석·박사 통합	담당교수명	

대학 학부(과) 학년	학번 번	성 명		검 인	

사회학의 개념과 성격을 기술하시오.	성적

□ 인터넷이나 스마트폰과 같은 미디어가 발달하기 전과 후, 우리의 생활은 어떻게 변했는지 이야기해 봅시다.

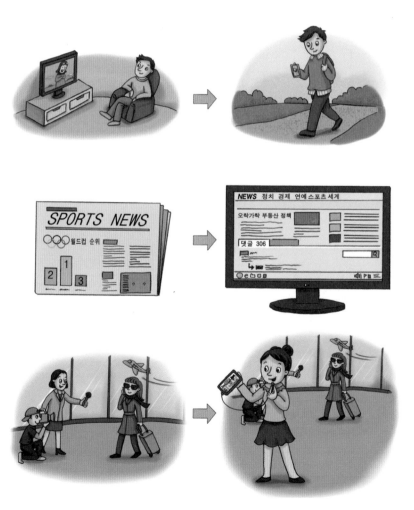

◇◇◇◇◇◇◇◇◇◇◇◇◇◇◇◇◇◇◇◇◇◇◇◇◇◇◇◇ **준비하기** ◇◇◇◇◇◇◇◇◇◇◇◇◇◇◇◇◇◇◇◇◇◇◇◇◇◇◇◇

◻ 다음은 강의 자료의 일부입니다. 슬라이드를 보고 질문에 답해 봅시다.

"테크놀로지": 인간 기능의 확장	
자동차	다리 기능의 연장
안경	눈의 확장
옷	피부의 확장
컴퓨터	연산 기능의 확장

미디어 테크놀로지: 인간 가치의 확장

• 라디오, TV, 신문, 스마트폰, 인터넷 등

신문	눈의 확장
TV	눈과 귀의 확장
인터넷	피드백의 확장

1. 테크놀로지의 특성은 무엇입니까?

2. 미디어 테크놀로지는 어떤 특성을 가지고 있습니까?

3. '기능'과 '가치'의 의미를 비교해 봅시다.

🎧 강의를 들으며 빈칸을 채워 봅시다.
10-1

1. 오늘날은 스마트폰으로 대표되는 (   )가 오히려 (   )을
   (   )한다고 해도 과언이 아니다.

2. 신문에 (   )되는 개념은 (   )이고, 방송의 관점에서는
   (   )에 대칭되는 개념은 publishing 출판이다.

3. 출판과 방송은 미디어를 어떻게 (   )할 것인가 그리고 신문, 라디오,
   TV는 그렇게 (   )가 우리한테 (   )로 도달하느냐와 관
   련이 있다.

4. 테크놀로지(technology)란 보통 (   )이라고 이야기한다…. 자
   동차라는 테크놀로지는 (   )이다.

5. 안경이 없으면 지금 앞에 있는 여러분들을 볼 수가 없는데 이 안경은
   (   )이다. 그리고 옷은 (   )이다. 그리고 컴퓨터는 머리의
   (   )이다.

6. 아무리 (   )라 할지라도 (   )에 이바지하지 않
   는 테크놀로지는 시장에서 (   )된다. 그런데 이런 테크놀로지 중에
   서 가장 주목받고 있는 테크놀로지가 (   )이다.

7. 미디어 테크놀로지(media technology)는 구체적으로 (
                ), 이런 것이 전부 미디어 테크놀로지이다.

146

8. 신문은 우리들의 (   )이다. 라디오는 귀의 확장이다. 텔레비전은 (   )이다. 그 다음에 인터넷은 (   )이다. 그 다음에 스마트폰도 눈과 귀와 피드백의 확장이다.

9. 미디어 테크놀로지 중에서 인간 기능의 확장 중의 하나는 (   )와 그 다음에 (   ), 이것만 충족시킨다면 앞으로 미디어 테크놀로지는 (   ) 그 다음 나머지 세 감각까지 확장될 것이다.

10. 미디어 테크놀로지가 한없이 발전하게 되면 우리들의 (   ) 가 (   ) 또는 심지어는 전 우주적으로 (   )될 수 있다. 이 럴 때 미디어 테크놀로지들은 우리들의 오감을, 말하자면 (   )에 대한 웨어러블(wearable)이라고 얘기할 수 있다.

🖥 강의 동영상을 보면서 필기를 해 봅시다.
10-2

[20   년   월   일]

제목: _____

1. '신문방송학'이라는 명칭의 문제
   1) 미디어 테크놀로지의 급속한 발전으로 _____가
      신문과 방송을 대체한다고 해도 과언이 아님
   2) 신문과 방송도 콘텍스트상 일치되는 개념이 아님
      • 신문과 대칭되는 개념은 _____
        → _____
      • 방송과 대칭되는 개념은 _____, _____
        → _____
   3) 대안: _____, _____, _____

2. 테크놀로지의 이해
   1) 테크놀로지의 등장: _____, _____의 확장
   2) 테크놀로지의 종류와 특성:
      – 자동차: _____의 _____
      – 안경: 눈의 확장
      – 옷: _____
      – 컴퓨터: _____
   3) 첨단 테크놀로지라도 _____
   4) 테크놀로지 중 가장 주목받고 있는 것은 _____임

3. 미디어 테크놀로지의 종류와 특성

  1) 미디어 테크놀로지의 종류: 라디오, TV, 신문, 스마트폰, 인터넷 등

    – 신문: 눈의 확장

    – 라디오: 귀의 확장

    – 텔레비전: _____의 확장

    – 인터넷: _____의 확장

    – _____ : _____

  2) 미디어 테크놀로지의 특성

    – _____에 대한 _____

    – 다른 테크놀로지와는 달리 _____

      이루어 냄

 준비하기

■ 다음은 강의 교재의 일부입니다. 읽고 질문에 답해 봅시다.

신문방송학은 다양한 미디어 테크놀로지(media technology)를 이용한 커뮤니케이션(communication)을 연구하는 학문이다. 미디어 테크놀로지는 커뮤니케이션을 통해 자신의 인격을 드러내면서 인간 가치를 확장한다. 자동차, 옷과 같이 일반 테크놀로지가 적용된 사물의 경우에는 더 빨리, 멀리 이동이 가능하게 해 주거나 몸을 시원하거나 따뜻하게 해 주는 역할을 충실히 수행한다. 다시 말해 인간이 가진 기능을 확장하는 역할을 한다. 그러나 라디오, 텔레비전, 인터넷 등 미디어 테크놀로지는 귀, 눈과 귀, 피드백 등을 확장하면서 사람이 가진 관심이나 욕구를 드러내며 가치의 확장을 이룬다.

신문방송학의 성격은 두 차원에서 정리할 수 있다. 첫째, 인문 과학, 사회 과학, 자연 과학을 모두 아우르는 종합 과학이다. 기본적으로 인문 과학에 속하는 신문방송학은 테크놀로지를 전제로 하기 때문에 자연 과학적 성격을 띤다. 그리고 한편 미디어의 사회적 영향력에 대해 연구하므로 사회 과학적 성격을 지닌다. 둘째, 순수 학문과 응용 학문의 요인을 모두 가지고 있다. 인간 커뮤니케이션과 관련된 이론적 토대를 제공하는 학문이므로 순수 학문의 성격이 기본적으로 강하다. 하지만 매스미디어학의 측면에서 보면 미디어가 사회에 미치는 효과나 문화 산업을 연구하므로 응용 학문의 성격을 띤다. 더불어 현업 교육을 중시하는 저널리즘(journalism)학을 보더라도 응용 학문의 성격이 강하다는 것을 알 수 있다.

신문방송학, 문학, 예술, 정치 등 다양한 학문에서 커뮤니케이션을 연구하지만, 신문방송학에서 커뮤니케이션의 특징은 '미디어(media)'를 이용한다는 것이다. 특별히 중요한 것은 콘텐츠를 무엇으로 담아 내느냐이다. 콘텐츠를 만들 때 필요한 것은 과학적 분석력, 인문적 상상력, 예술적 표현력이다. 과학적 분석력은 대상의 코드를 읽어 내는 능력이고, 인문적 상상력은 상대를 감동시킬 수 있는 텍스트를 구성하는 능력이며, 예술적 표현력은 감각적 요소를 이용해 효과적으로 전달하는 능력이다.

1. '신문방송학'과 '미디어 테크놀로지'는 어떤 관계입니까?

2. 신문방송학은 어떤 성격을 가지고 있습니까?

3. 신문방송학에서 커뮤니케이션의 특징은 무엇입니까?

4. 콘텐츠를 만들 때 필요한 요소는 무엇입니까?

◉ 중요하다고 생각되는 용어를 찾아 정리해 봅시다.

☐ _____ : _____

☐ _____ : _____

☐ _____ : _____

🎧 강의를 들으며 빈칸을 채워 봅시다.
10-3

1. 일반 테크놀로지(technology)가 단순한 (   )의 확장이라면 미디어 테크놀로지(media technology)는 (   )을 넘어서 (   )까지 이루어 낸다는 특징이 있다.

2. 다리 기능의 확장은 튼튼하고, 고장 안 나고, 빨리 달리면 된다. 자동차는 그 기능을 충실히 (   )할수록 (   )이 있다. 옷은 (   )의 확장이라면 여름에는 시원하고 겨울에는 따뜻하면 된다.

3. 자동차도 (   )의 하나의 수단으로 보기 때문에 자동차를 통해서 나를 보여 주려고 한다. 그래서 요즘 심지어는 '인격이 곧 차격'이라는 말까지 등장하는 것도 (   )도 인간 기능의 확장을 넘어서 (   )을 이루기 때문에 그렇다.

4. 신문방송학을 하는 사람들은 … 테크놀로지에 (   ) 가치의 확장을 이룰 것인가 바로 이런 문제를 (   )한다.

5. 신문방송학은 (   ), 사회 과학, 자연 과학을 모두 아우르는 (   ) 이다.

6. 신문방송학은 테크놀로지를 (   )로 하는 유일한 (   )이다. 인문사회과학의 다른 학문에 있어서는 테크놀로지를 전제하지 않는다…. 그런 측면에 있어서 (   )을 지니고 있다.

7. 인간이 커뮤니케이션(communication)을 할 때 (   )를 통해야지만 더 멀

리, 더 빨리, 더 많이 전달할 수 있기 때문에 (   )에 대한 공부가 기본이 되어야 한다. 그런 측면에서는 (   )을 갖고 있다. 그리고 나아가서 미디어(media)가 한꺼번에 전달이 될 때 (   )이 대단히 크다. 그런 측면에서 있어서는 그 미디어의 사회적 영향력을 우리가 공부한다는 측면에서 (   )을 지니고 있다.

8. 신문방송학은 이런 (   ) 요인과 college적 요인과 (   )인 school적 요인을 다 가지고 있다.

9. 커뮤니케이션학 차원에서는 (   )이 가장 기초가 된다. 휴먼 커뮤니케이션이다. 또 설득 커뮤니케이션, 정치 커뮤니케이션, 홍보 커뮤니케이션, 광고 커뮤니케이션 이런 식으로 가르친다…. (   )에서는 주로 어떤 걸 얘기하느냐, (   ), (   ) 또는 인터넷 및 SNS 그 다음 (   ) 나아가서 문화 산업을 가르친다. 그 다음에 (   )에서는 기자 및 PD 교육을 어떻게 할 것이냐, 또 (   )을 어떻게 할 것이냐.

10. 오늘날 미국 대통령 중에서 가장 (   )가 뛰어나다고 얘기하는 사람은 전 대통령인 오바마 대통령이다. 오바마 대통령은 이렇게 호소한다…. 우리 민주당에는 (   )가 있다. 하나는 이라크전을 (   )했던 애국자이고 다른 하나는 이라크전을 (   )했던 애국자이다…. 중요한 것은 애국이지, 애국의 (   ) 가지고 나눠져 있었다. 바로 애국의 코드(code)를 읽어내는 게 (   )을 통해 나타난다.

11. 과학적 분석력이 말하자면 (   )라고 한다면 인문적 상상력은 (   )라고 할 수 있다.

12. 과학적 분석력에는 (   )의 결과, 소비자들은 다이어트를 원하는구

나. 자 이걸 어떻게 (   )을 표현할 것인가, 다음 광고를 보면 그렇게 나온다…. 줄 하나 긋고 Before는 이렇게 뚱뚱한 상황에서 After는 이렇게 날씬한 몸이 됐다는 것이다. 바로 이것이 인문적 상상력이다…. 커뮤니케이션할 때는 과학적 분석력을 통해서 (   )가 무엇이냐, 인문적 상상력을 통해서 소비자를 감동시킬 수 있는 (   )은 무엇이냐 이게 핵심이다. (   )은 얼마나 깔끔하게 처리했느냐이다.

🖥 강의 동영상을 보면서 필기를 해 봅시다.
10-4

[20   년   월   일]

제목: _____

1. 신문방송학의 연구 문제

    테크놀로지에 _____ 인간 가치의 확장을 이루는 것

	기능의 확장	가치의 확장
자동차		
옷		

2. 신문방송학의 성격

    – 인문 과학, 사회 과학, 자연 과학을 _____임

    – 순수 학문과 _____을 다 가지고 있음

3. 신문방송학의 하위 분야

    1) _____

        인문 과학적, 사회 과학적 성격을 다 가지고 있지만 _____

        성격이 강함 ⇒ 인간, 설득 ↔ _____

    2) _____

        사회 과학적 성격이 강함 ⇒ 미디어 효과, _____, 인터넷

및 SNS, 미디어 산업, _____

3) _____

응용 학문에 해당됨 → _____ 교육, _____ 교육

4. 콘텐츠 제작의 3요소

1) _____

2) _____

3) _____

예)

	오바마의 연설	헬스 클럽 광고
과학적 분석력		
인문적 상상력		
예술적 표현력		

❶ 다음은 '신문 방송학의 이해'에 대한 슬라이드입니다. 슬라이드를 보고 발표해 봅시다.

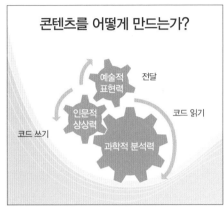

❷ 다음은 시험 문제입니다.

시험답안지

20 　　학년도 제 　　학기

과목명		학위과정	학사/석사/박사/석·박사 통합	담당교수명	

대학 　　학부(과) 　　학년	학번 　　번	성명	검인	

신문방송학에서 콘텐츠를 제작할 때 필요한 세 가지 능력을 서술한 후,
이러한 능력이 효과적으로 활용된 프로그램을 예로 들어 설명하시오.

성적

□ 아래 신문 기사를 통해 최근 나의 상태를 진단해 본 후, 정신 장애와 관련한 자가 진단 방법을 믿을 수 있는지 이야기해 봅시다.

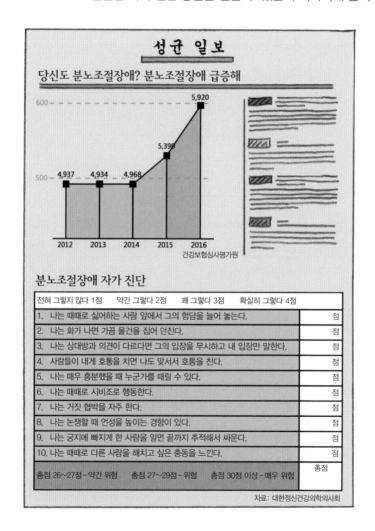

성 균 일 보

당신도 분노조절장애? 분노조절장애 급증해

연도	값
2012	4,937
2013	4,934
2014	4,968
2015	5,390
2016	5,920

건강보험심사평가원

분노조절장애 자가 진단

전혀 그렇지 않다 1점   약간 그렇다 2점   꽤 그렇다 3점   확실히 그렇다 4점

1. 나는 때때로 싫어하는 사람 앞에서 그의 험담을 늘어 놓는다.	점
2. 나는 화가 나면 가끔 물건을 집어 던진다.	점
3. 나는 상대방과 의견이 다르다면 그의 입장을 무시하고 내 입장만 말한다.	점
4. 사람들이 내게 호통을 치면 나도 맞서서 호통을 친다.	점
5. 나는 매우 흥분했을 때 누군가를 때릴 수 있다.	점
6. 나는 때때로 시비조로 행동한다.	점
7. 나는 거짓 협박을 자주 한다.	점
8. 나는 논쟁할 때 언성을 높이는 경향이 있다.	점
9. 나는 궁지에 빠지게 한 사람을 알면 끝까지 추적해서 싸운다.	점
10. 나는 때때로 다른 사람을 해치고 싶은 충동을 느낀다.	점
	총점

총점 26~27점 – 약간 위험   총점 27~29점 – 위험   총점 30점 이상 – 매우 위험

자료: 대한정신건강의학의사회

◇◇◇◇◇◇◇◇◇◇◇◇◇◇◇◇◇◇◇◇◇◇◇◇◇◇ **준비하기** ◇◇◇◇◇◇◇◇◇◇◇◇◇◇◇◇◇◇◇◇◇◇◇◇◇◇◇◇

□ 다음은 강의 자료의 일부입니다. 슬라이드를 보고 질문에 답해 봅시다.

David Rosenhan의 정신 장애 진단 타당도 연구(1973)	David Rosenhan의 정신 장애 진단 타당도 연구(1973)
첫 번째 연구 • 5개주 12개 정신병원을 대상으로 연구 • 환청이 있는 8명의 가짜 환자 　⇒ 정신분열증으로 진단됨 • 입원 후 정상적으로 행동하였으나 의료진은 가짜 환자의 고의적 증상 조작을 알아차리지 못함 • 원인 　– 의료진과 접촉 기회가 거의 없음 　– 정상적 행동도 병명에 의해 왜곡되어 해석됨	**두 번째 연구** • 병원 측의 도전장 • "가짜 환자를 보내면 의사들이 찾아낼 것이다" • 내원 환자 193명 중 41명이 가짜 환자로 의심 받음 　⇒ 로젠한 박사는 가짜 환자를 보내지 않았음 ➡ 〈연구의 의의〉 　– 진단 신뢰에 대한 의혹 제기 　– 환자와의 접촉 중요성 확인 　– 중한 진단에서 꼬리표 효과 등에 대한 문제 제기

1. 로젠한 박사는 무엇에 대한 연구를 했습니까?

2. 첫 번째 연구의 연구 대상과 방법은 어떠합니까?

3. 두 번째 연구의 결과는 어떻습니까?

4. 두 연구 결과를 통해 알게 된 것은 무엇입니까?

🎧 강의를 들으며 빈칸을 채워 봅시다.
11-1

1. 신체적인 질병을 진단할 때보다도 정신적인 병, (　　　　), 심리적인 문제
   를 (　　　　)할 때는 전문가들 간에 (　　　　)가 낮다.

2. 데이비드 로젠한(David Rosenhan)이 (　　　　　　　)한 정신 장애 진단에 대한
   (　　　　) 연구를 소개하겠다.

3. 첫 번째 연구는 미국에서 5개주 12개의 정신병원을 (　　　　)으로 참가자
   를 보냈다…. 8명의 (　　　　　)에게는 (　　　　　)을 하라고 그
   랬다…. 이 사람들은 다 정상이었다. 다 가짜 환자라는 점 명심하고, 증상을,
   (　　　　)이라는 (　　　　)을 위증했다는 점을 명심하고. 정신과 의
   사와 (　　　)을 하는 과정에서 환청을 꾸몄다. 정신과 의사들이 8명의
   참가자들 중 1명을 제외하고선 나머지 7명에게 죄다 (　　　　　)을
   내렸다.

4. 가짜 환자들은 (　　　　)하자마자 (　　　　　)하기 시작했다…. 입
   원한 다음에 모두 정상적으로 행동했음에도 불구하고 금방 (　　　)시켜
   주지 않았다. 평균 19일 동안 입원을 시켰다…. (　　　　)가 거의 없었다.
   (　　　)을 하긴 했어도 눈여겨보지 않았다. 가짜 환자의 행동을. 진단 후
   에는 모든 이 사람들의, 가짜 환자들의 정상적인 행동들이 (　　　　)에
   따라서 (　　　)되었다.

5. 한 병원이 로젠한 박사에게 도전장을 내밀었다. (　　　　)를 이번에 보내
   달라. 가짜 환자를 이번에 보내주면 우리가 잡아낼 수 있다…. 그래서 수주
   동안 200명 정도의 환자가 (　　　　)을 했다. 그중에서 41명이 가짜 환자

로 의심을 받았다…. 실은 이 중에서 가짜 환자는 아무도 없었다…. 이 두 (   )들이 정신 장애를 진단 내리는 것, 이 (   )이 과연 믿을 만한 가? 신뢰로운가에 대한 의혹을 제기했다.

6. 꼬리표 효과 혹은 (   )에 의해서 한번 진단을, 정신 장애 진단을 받으면 그 사람이 아무리 (   )을 한다 하더라도 (   )되게 그 사람의 행동을 이상하게 (   )을 한다.

7. 아직도 (   )보다는 정신 장애 진단을 내릴 때 대부분의 (   ) 들이 (   )을 보이고 있다. 그 (   )가 낮다는 것 전문가들이 다 (   )을 하고 있고, 여러분 (   ), 학생들도 그것을 (   ) 하고 있어야 한다.

🖥 강의 동영상을 보면서 필기를 해 봅시다.
11-2

[20   년   월   일]

데이비드 로젠한(David Rosenhan)의 정신 장애 진단에 대한 _____ 연구

1. 첫 번째 실험
   1) 연구 대상
     – 미국 5개주 12개 _____
     – 8명의 참가자

   2) 연구 방법
     – 8명의 참가자에게 _____을 하라고 함
     – 의사와 면담할 때 _____
     _____고 말하도록 함
     – 병원 입원 후 _____하게 함

   3) 연구 결과
     – _____들이 8명의 참가자들 중에서 _____을
     내림
     – 8명 모두 병원에 입원함
     – 입원한 다음 _____
     _____
     – 의료진은 처음 면담 시 _____
     – 입원시킨 후에 _____

2. 두 번째 실험

1) _____

    – 도전장을 내민 1개 병원

2) _____

    – _____를 병원에 보내면 병원에서 잡아내기로 함

3) _____

    – 193 명 중 41명이 _____을 받았음

    – 그러나 로젠한(Rosenhan) 박사는 _____

    ⇨ 한 번 정신 장애 진단을 받으면 _____
_____

    ⇨ 위의 두 연구 결과를 통해 정신 장애 진단 시 아래와 같은 점을 확인하였음

       ① _____

       ② _____

       ③ _____

       ④ _____

◇◇◇◇◇◇◇◇◇◇◇◇◇◇◇◇◇◇◇◇◇◇ **준비하기** ◇◇◇◇◇◇◇◇◇◇◇◇◇◇◇◇◇◇◇◇◇◇

▣ 다음은 강의 교재의 일부입니다. 읽고 질문에 답해 봅시다.

이상심리학(Abnormal Psychology, Psychology of Abnormal Behavior)은 이상 행동을 연구하는 심리학의 한 분야이다. 여기서 이상 행동은 정상에서 벗어난 행동, 다시 말해 '보편적이지 않은', 'typical하지 않은', '전형적이지 않은', '이탈된, 일탈된(deviant)', 사회규범에서 벗어난 행동을 말한다. 또 다른 설명으로는 '부적응 행동(maladaptive behavior)'이라고 한다. 부적응 행동은 심리 건강 전문가들이 중요하게 여기는 용어로서 자신이나 타인에게 신체적이거나 정신적인 해를 끼칠 수 있는 행동을 말한다.

이상 행동을 보인다고 해서 정신 장애를 앓는 것은 아니지만, 이상 행동이 정신 장애의 일부 증상인 경우도 있다. 정신 장애라는 진단을 내리는 경우는 이상 행동이나 부적응행동이 나타날 때이다. 이상 행동이나 부적응 행동을 통해 심각한 사회적 손상, 대인 관계 문제 등을 초래할 때, 더 나아가 현실 검증력을 잃어버리고 정신병 증상(psychotic symptom)을 보일 때 가능성이 높다. 신체적 질병과는 달리 정신적인 병을 진단할 때는 전문가들 간에도 동의 정도가 낮다. 이는 전문가들도 인식하고 있는 부분으로 정신 장애 진단을 내릴 때 전문가들도 매우 신중을 기한다.

정신 장애 진단을 내릴 때 객관적이고 과학적인 판단 준거가 필요하기 때문에 정신 건강 전문가들은 정신 장애를 진단할 수 있는 분류 체계를 만들었다. 바로 'DSM-5(Diagnostic and Statistical Manual of Mental Disorders V)'라는 '정신 장애의 진단 및 통계 편람'이다.

DSM-5는 미국 정신의학회(American Psychiatric Association)에서 공식적으로 사용하는 정신 장애 진단 분류 체계이다. 국제 보건 기구(World Health Organization)

에서 공인한 국제 질병 분류(International Classification Disease)와 함께 전 세계적으로 가장 널리 사용되고 있는 정신 장애 진단 분류 체계로 각 정신 장애의 증상, 정도, 빈도, 치료 방법, 병의 진행 과정 등에 대한 상세한 내용을 담고 있다.

1. '이상 행동'이란 무엇입니까?

2. 어떤 경우에 정신 장애라고 진단을 합니까?

3. 정신 장애를 진단할 때 주의할 점은 무엇입니까?

4. DSM-5는 왜 만들어졌으며, 어떤 내용이 들어 있습니까?

O 중요하다고 생각되는 용어를 찾아 정리해 봅시다.

☐ _____ : _____

☐ _____ : _____

☐ _____ : _____

🎧 강의를 들으며 빈칸을 채워 봅시다.
11-3

1. 이상심리학이란 Abnormal Psychology라고도 하고, 여기에서는 Psychology of Abnormal Behavior라고 되어 있는데 '(   )의 심리학'이다. (   )이기도 하고 … 심리학 분야이다. 이상 행동을 연구하는 (   )가 (   )이다.

2. 이상 행동이란 '(   )이지 않은', 'typical하지 않은', '전형적이지 않은'이란 소리다. deviant한, (   )된, 일탈된 행동이다. (   )에서 벗어난 행동, 남들이 하지 않는 행동, (   )을 (   )이다 이렇게 정의하는 분이 많다.

3. "노크하세요"라는 표지판이 이렇게 문마다 붙어 있으면 (   )이 없어도 (   )이 하라는 대로 그냥 모든 사무실 문마다 노크를 하면서, 그 복도를 지나가면, 그것은 남들이 하지 않는 이상한 행동이 될 테고, (   )에 맞는 행동이라고 할 수 있다.

4. 이상 행동에 대한 또 다른 정의가 있다. 그것은 (   )이다. maladaptive, adaptive가 '적응적'이란 뜻이다. 그러니까 'mal-'이 들어가서 부적응적인 행동을 말한다. 사실 심리 건강 (   )들이, 그러니까 (   )들이 가장 중요하게 여기는 그런 이상 행동의 정의다…. (   )에게 해를 끼칠 수 있는 그런 행동, 여기서의 '해'는 (   )뿐만 아니고 (   ), 심리적인 해 다 포함이 된다.

5. 이상 행동을 보인다고 해서 꼭 정신 장애를 앓는 것은 아니다….
(   )도 때로는 (   )을 하기 때문이다….
(   )들도… (   )을 평소에 많이 보이기 때문이다.

6. 부적응적일 때, 자신이나 타인에게 (   ) 수 있을 때, 그리고 심각한 (   ), 대인 관계 문제를 초래할 때, (   )의 문제가 심각해 질 때, 그 이상 행동으로 인해서 심각한 (   )을 초래할 때, 직장 에서 일을 못하거나 학생일 경우에 (   )에 지장을 초래할 때, … 심각한 (   )을 초래할 때 그 이상 행동 때문에… 그리고 또 (   ), 영어로 psychotic한 증상이라고 하는데, psychotic한 증상을 보일 때이 다. 다시 말해 (   )을 잃어버렸을 때… 현실과 현실이 아닌 것을 (   )하지 못할 때… 헛것을 보고 있는데 그게 헛것이라는 것을 모를 때… 현실 검증력이 (   )라고 한다.

7. 내가 "비 와라" 하면 비가 내린다, 이런 식으로 (   )과 굉장히 동떨 어진 생각을 하고 있다…. (   )이라고 한다. 현실과 (   ) 생각, 이러한 psychotic한 증상을 보일 때, (   )을 보일 때 정신 장 애의 진단을 내릴 가능성이 커진다.

8. 이 책은 'DSM-5'라는 책이다…. 우리말로 번역을 하면 '(   )'이 된다…. 어떤 특정 정신 장애의 진단을 받으려면, 진단 을 의사가 내리려면, 전문가가 내리려면 이러이러한 (   )시켜야 한 다, (   )가 이러이러한 (   )을 이러이러한 (   )로 혹은 (   ) 로 보여야 한다라는 내용이 담겨 있다. 5라는 것은 5판이라는 얘기다.

9. DSM은 책 이름이기도 하지만 (   )라고 볼 수 있다…. 유사한 정신 장애들끼리 묶어서 (   )를 만들어 놨다. 그 상위 범주 안에 (   ) 들이 속해 있다.

10. 외상후스트레스 장애, PTSD… 생명을 위협하는 (   ), 예를 들어서 강간이라든지 전쟁이라든지 자연재해일 수 있겠다. 그런 (   )를 겪은 뒤에 (   )에 시달리거나 사건에 대한 flashback이라고 하는데 자꾸 그 장 면이 떠오른다…. 그 (   )시켜 주는 그 어떤 작은 (   )에도 굉 장히 놀라고 힘들어하고 고통스러워하는 그런 (   )을 보인다.

🖥 강의 동영상을 보면서 필기를 해 봅시다.
11-4

[20   년   월   일]

제목: _____

1. '이상심리학(Psychology of Abnormal Behavior, Abnormal Psychology)'이란

   _____을 연구하는 _____의 한 분야, 또는 과목명

2. '이상 행동'이란

   – 정상에서 벗어난 행동, 보편적이지 않은, _____은 행동

   1) _____된 행동: _____에서 벗어난 행동

      예) _____

   2) _____행동: 자신이나 타인에게 _____는 행동

      예) _____

   3) _____

      예) _____

3. 정신 장애의 진단

   – 정신 장애: _____

   _____

   – 이상 행동을 보인다고 모두 정신 장애를 앓는 것은 아님.

   – 이상 행동이 정신 장애의 일부 증상인지 판단해야 함

   – 다음과 같은 증상이 나타나는 경우 정신 장애 진단을 받을 가능성이

     높아짐.

   1) _____

2) _____

3) _____

4) _____

5) _____

4. 정신 장애 진단 체계 → DSM-5 = _____

   1) 정신 장애의 상위범주와 _____ 제시

   2) 정신 장애 진단의 조건 수록

     – 증상의 종류

     – 증상의 _____

     – 증상의 _____

   3) DSM-5의 정신 장애 범주 1: 불안 장애(Anxiety disorders)

_____

_____

_____

_____

_____

   4) DSM-5의 정신 장애 범주 2: 외상 및 스트레스 관련 장애들
     (Trauma and stressor-related disorders)

_____

_____

_____

_____

_____

_____

학업 능력 키우기

❶ 다음은 '이상 심리학의 기초'에 대한 슬라이드입니다. 슬라이드를 완성하고 발표해
봅시다.

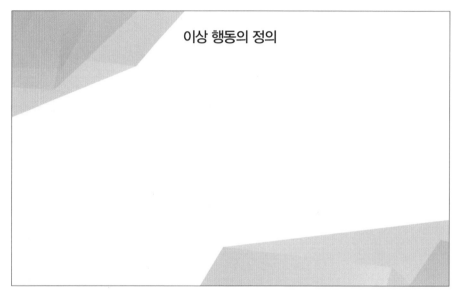
이상 행동의 정의

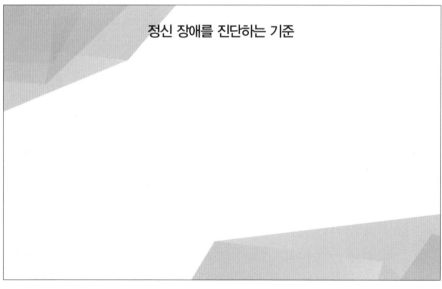
정신 장애를 진단하는 기준

❷ 다음은 시험 문제입니다.

<table>
<tr><td colspan="2">20   학년도 제   학기</td><td colspan="3">**시험답안지**</td><td></td></tr>
</table>

과목명		학위과정	학사/석사/박사/석·박사 통합	담당교수명	

대학 학부(과) 학년	학번 번	성 명		검 인	

정신 장애 진단의 기준에 대해 설명하시오.	성적

생각 열기

□ '사회 복지'는 '모든 사회 구성원이 행복한 상태를 이루는 것'을
뜻합니다. 각 나라별로 어떤 사회 복지 제도를 시행하는지 이야
기해 봅시다.

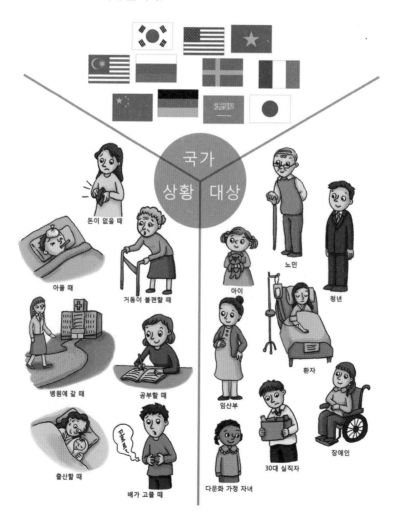

◇◇◇◇◇◇◇◇◇◇◇◇◇◇◇◇◇◇◇◇◇◇◇◇ **준비하기** ◇◇◇◇◇◇◇◇◇◇◇◇◇◇◇◇◇◇◇◇◇◇◇

◨ 다음은 강의 자료의 일부입니다. 슬라이드를 보고 질문에 답해 봅시다.

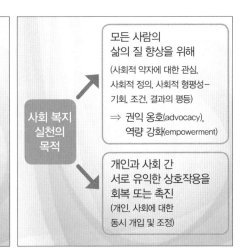

1. '보편적 복지'란 무엇입니까?

2. '선별적 복지'의 우선적 대상은 누구입니까?

3. 사회 복지 실천의 목적은 무엇입니까?

🎧 강의를 들으며 빈칸을 채워 봅시다.
12-1

1. 사회 복지 (   )은 모든 사람의 (   )시키는 것이다. '모
   든 사람이다'라고 하는 것은 (   ) 모두다.

2. 보편적 사회 복지라는 것은 가난한 사람이건 부자이건 건강한 사람이건 건
   강하지 않은 사람이건 모든 사람에게 (   )이 돌아가도록 (   )
   을 마련하고 복지 서비스 (   )를 마련하고 그 사람들을 위해서 서비
   스를 제공하는 것이다.

3. 가난한 사람들만을 골라서 우선 그 사람들에게 서비스를 제공하자 이것이
   선별적 복지다. 선별을 하려면 (   )이 필요하다. 선별 작업의 (   )
   이 아까 얘기한 poverty line이다. 빈곤선… (   )하기에 필요
   한… (   )하는 데 필요한 기본적 어떤 그 소득… 이것을 물가라
   든지 여러 가지 국가가 처한 (   )이라든지 이런 것을 고려해서 나라
   마다 (   )을 정한다.

4. 사회적 정의라고 하는 것은 (   )가 잘못 되어 있으면 가난한 사람
   은 계속 피해를 받으면서 (   )에 머물러 있을 수밖에 없고, (   )
   는 계속 가난한 자들을 어떤 의미에서 이렇게 착취를 해서 (   )에
   서 이렇게 (   )를 해서 계속 부자가 되는 이러한 상황이 벌어질 수 있다.
   그래서 그런 일이 없도록 하는 것이 (   )이다.

5. 이제 형평한 상태를 만들어 주는 것이 (   )
   이런 것을 만들어주는 것이 사회 복지의 목표다.

6. 기회의 평등이라고 하는 것은 모든 사람에게 (   )를 주자, (
)을 하지 말자···. (   )은 똑같은 기회를 줬는데
(   )이 다르지 않느냐. 가난한 사람은 여러 가지 배우고 싶어도 배울 만
한 돈이 없고 부자는 풍성한 (   )해서 많은 것을 배우니 똑같은
기회를 주면 당연히 부자가 이기지 않겠느냐 그래서 (   )을 같이 만들어
주기 위해서 가난한 자들에게는 교육비를 주고 직업 훈련비를 주고 해서 또
는 무료 교육을 시키고 해서 (   )하게 만들어 준 다음에 기회를 제
공해서 거기서 능력이 (   )해서 쓰자 이런 것이 이제 조건
의 평등이다.

7. 기회의 평등과 결과의 평등, 조건의 평등 사이에 적절한 어떤 (   ), 조
화를 만들어 가고자 노력하면서 사회 모든 구성원들이 (   )를 우선
적으로 도와주면서도 또 모든 사회 구성원들이 (   )하게, 공
평하게, 또 사회적 정의 가운데 생활할 수 있도록 하는 것이 사회 복지의 목
적이다.

8. 그래서 밑에 이 (   ), (   ) 이것은 특별히 이제 (
)들을 위해서 우리 (   )들이 주로 강조하고 있는 활동 내용이
다···.(   )에 있는 사람에게 (   )해서 이 사람들이 힘을 얻고
자기 힘으로 사회생활을 할 뿐만 아니라 (   )할 수 있는 이런
상태를 만들어 주자 하는 것이 역량 강화이다···. 개인에게도 (   )해
서 개인으로 하여금··· 사회 발전에 기여할 수 있는 사람이 될 수 있도록 도
와주고 사회에 대해서는 (   )나 사회의 부정의, (   ) 이런
것들을 해결해서··· 약자에게 피해가 가지 않게 하는 이러한 (   ),
이런 활동을 하는 것이 사회 복지가 추구하는 것이다.

🖥️ 강의 동영상을 보면서 필기를 해 봅시다.
12-2

[20   년   월   일]

1. 사회 복지 실천의 목적
   – _____을 향상시키는 것

보편적 사회 복지	선별적 사회 복지

   – 사회적 _____ : _____
   – 사회적 _____ : _____
     _____ 상태를 만들어 주는 것
   – 사회 복지사들이 강조하고 있는 활동 내용
     • _____ : 약자의 권리, 약자의 _____이 강자에 의해
       _____

     • _____ : 약자에게 _____
       _____

       만들어주자.

⇒ 사회 복지 실천의 목적을 풀어 설명하면,
   개인과 사회 간에 _____
   _____
   개인은 _____
   사회는 _____

◇◇◇◇◇◇◇◇◇◇◇◇◇◇◇◇◇◇◇◇ **준비하기** ◇◇◇◇◇◇◇◇◇◇◇◇◇◇◇◇◇◇◇◇

◘ 다음은 강의 교재의 일부입니다. 읽고 질문에 답해 봅시다.

　사회 복지는 사회 구성원 모두의 사회적 안녕 상태, 즉 복지 상태를 만들기 위해 사회의 총체적인 제도를 구조화하고 실천하는 것이다. 사회 복지를 이루기 위한 3가지 구조를 살펴보면 다음과 같다.

　우선 사회 복지 정책의 영역이다. 사회 복지의 커다란 틀을 만들고 연구하는 분야이다. 사회 복지 정책 분야에서 가장 대표적인 것이 사회 보험과 사회 부조이다. 사회 보험은 사회가 개인이 경제 활동을 하는 동안에 소득의 일부를 거두어들였다가 개인이 위기에 처하거나 소득이 없을 때 도와주는 제도로 연금, 고용 보험, 산재 보험, 건강 보험 등이 있다.

　둘째, 사회 복지 행정은 이러한 구조를 어떻게 효율적으로 운영할 것인지와 밀접한 관련이 있다. 행정은 공공 기관과 민간 기관이라는 체계를 통해 사회 복지를 전달한다. 공공 기관은 중앙 정부, 지방 정부, 주민 복지 센터를 통해 복지를 제공하고, 민간 기관은 종합 복지관 시스템을 통해 서비스를 제공한다. 이처럼 복지 서비스를 전달하는 기관의 운영, 기관의 예산, 전문 인력의 채용, 배치 및 평가 등을 담당하는 것이 행정이다.

　셋째, 사회 복지 실천은 사회 복지를 개인적으로 해결할 수 없는 사람들을 위해 직접 현장에서 그 사람들을 돕는 활동과 관련이 있다. 여기에는 개별 사회 사업, 집단 사회 사업, 지역 사회 조직, 통합 방법론이 있다. 개별 사회 사업은 어려움에 처한 사람을 일대일로 만나 도움을 제공하는 것이고, 집단 사회 사업은 비슷한 어려움을 겪고 있는 사람들을 한데 모아 서비스를 제공하는 것이다. 지역 사회 조직은 지역사회 내에 사회 복지사가 들어가서 필요한 것을 확인하고 주민들과 함께 해결해나가는 것이다. 마지막으로 통합 방법론은 개별 사회 사업, 집단 사회 사업, 지역 사업을 통합해 실천하는 방법을 연구하고 실천하는 분야이다.

사회 복지 실천의 목적은 모든 사람의 삶의 질의 향상시키는 것이다. 기회의 평등, 조건의 평등, 결과의 평등 사이에서 균형점을 찾아 모든 사회 구성원들이 사회적으로 공평하게, 사회적 정의 속에서 생활하도록 사회적 형평성을 유지하는 것이 사회 복지의 목적이다.

1. '사회 복지'란 무엇을 의미합니까?

2. 사회 복지 3대 분야에는 어떠한 것이 있습니까?

3. 사회 복지 실천의 목적은 무엇입니까?

O 중요하다고 생각되는 용어를 찾아 정리해 봅시다.

□ _____ : _____

□ _____ : _____

□ _____ : _____

🎧 강의를 들으며 빈칸을 채워 봅시다.
12-3

1. 사회 구성원 모두의 (　　　　　　), 즉 (　　　　)를 만들기 위해서 사
    회의 어떤 (　　　　　　), 또는 노력 이런 것들을 (　　　　　　)하는
    그런 것들이 사회 복지라고 볼 수가 있다.

2. 사회 복지 (　　)은 사회 복지의 커다란 (　　　　)을 만들고 연구하는 분
    야이다. 그 결과물로 나온 것이 지금 (　　　　)과 (　　　　)라는 것이다.

3. 사회 복지 행정이라고 하는 것은 이러한 (　　　　　　)를 어떻게 운영하
    느냐 또 (　　　　　)을 평가하느냐… 그 (　　　　　　) 가운데 일
    하고 있는 인력들, 인력들을 어떻게 배치하고 또 이 사람들을 평가해서
    (　　　　　　)을 최대화하느냐 이런 부분 그 다음에 NPO, Non Profit
    Organization이라고 한다. … 비영리 기구 (　　　　　　　　) 또는
    회계 accounting을 어떻게 하느냐 또 이러한 기구 운영에 필요한 funding
    을 어떻게 가져오느냐와 관련된 것이다.

4. 사회 복지를 개인적으로 (　　)할 수 없는 사람들을 사회의 전문 인력이 즉
    (　　　　　), 영어로는 social worker라고 한다. 사회 복지사들이 (　　)
    에 나가서 직접 만나서 그 사람을 (　　) 그런 활동들이 (　　　　　)
    활동이다.

5. 사회가 개인이 소득이 있을 동안에 즉 (　　　　　　)을 하는 동안에
    (　　　　　)를 사회가 거둬들였다가 그 개인이 (　　　　)에 처해 있을
    때 또는 늙어서 나이가 먹어서 더 이상 일을 할 수 없을 때 또는 (　　　)
    에 있을 때 일하고자 했으나 직장이 없어서 실업 상태에 있을 때 그 사람들

을 도와주는 그러한 하나의 (   )가 (   )이다.

6. 연금이라고 하는 것은 소득의 일부를, (   )을 사회가 거둬들였다가 나중에 (   )했을 때에, 즉 소득이 더 이상 (   )하지 않을 때에 그것을 개인에게 돌려주는 그것을 연금이라고 한다. 물론 개인으로부터 받은 (   )에 나라가 더해서 거기에 일정 부분을 나라가 더해서… 국민들이 낸 것에 적어도 (   )는 3~4배를 만들어서 소득이 중단됐을 때에 생활할 수 있도록 만들어 주는, 그것이 이제 (   )이다….

7. 고용 보험이라고 하는 것, 또 나라에 따라서는 또 (   )이라고도 한다. 즉 (   )에 직장, 다음 직장을 구하는 동안에 (   )하기 때문에 이것을 사회가 보장해주기 위해서, 보호해주기 위해서 하는 것이 (   )이다.

8. 산재 보험은 … (   )에서 (   )를 당했을 때, 다쳤을 때 그로 인해 발생하는 모든 비용을 (   )하는 것이다.

9. 가벼운 감기에서부터 커다란 (   )에 이르기까지 (   )이 들었을 때, 그 비용을 사회가 너무 크기 때문에 (   )을 넘어섰을 때 또는 개인으로서 부담이 될 때 이것을 (   )해 주는 그런 제도가 (   )이다.

10. 선진국, (   )일수록 이런 사회 보험이 개인의 부담은 (   )하고 국가의 부담을 (   )으로 걱정 없이 살 수 있는 (   )를 만들고 있다.

11. 국가에 돈을 미리 낸 적이 없으나 그럼에도 불구하고 어려운 생활에 즉 스스로 자기의 (   )을 해 나갈 수가, 의식주의 기초생활을 해 나갈 수가

없을 때 국가가 (   )을 통해서 어려운 사람들에게 나눠 주는 그런 것이 (   )이다. 대표적인 것으로 (   )이라는 것이 대한민국 한국에는 있다.

12. 비슷한 어려움을 겪고 있는 사람들을 이렇게 한데 모아서 (   )을 만들어서, 집단을 대상으로 사회 복지사가 여러 가지 서비스를 제공하는 것이 (   )이다.

🖥️ 강의 동영상을 보면서 필기를 해 봅시다.
12-4

[20   년   월   일]

1. 사회 복지의 의미

   1) 복지 → 모든 사람들이 _____를 누리는 것, _____ 상태

   2) 사회 구성원 모두의 복지 상태를 만들기 위한 _____

   _____

   3) 사회 복지를 이루기 위한 3대 구조

사회 복지 정책	
사회 복지 행정	
사회 복지 실천	

2. 사회 복지 정책 분야

   1) 사회 보험(social insurance)의 의미

   – 보험의 원리: 평소 건강할 때 _____

   _____

   – 사회 보험의 운영 주체: _____

   – 사회 보험: _____

   _____

   _____

   _____

2) 사회 보험의 종류

- 연금
  - _____
  _____
  - 개인이 낸 것을 _____
  _____

- 고용 보험(실업 보험)
  - _____
  _____

- 산재 보험(_____)
  - _____
  _____

- 건강 보험(_____)
  - 가벼운 감기에서부터 커다란 수술에 이르기까지 _____
  _____
  ⇒ 복지 선진국일수록 _____
  _____
  _____

3) 사회 부조(public assistance)의 의미
  - _____
  _____
  - _____ : 한국의 대표적인 사회 부조 제도로 _____
  _____
  _____
  _____
  _____

4) 사회 부조의 종류

- 노령 연금(_____): _____

  _____

- 아동 수당: _____

  _____

- 청년 수당: _____

  _____

- 보육 수당: _____

  _____

3. 사회 복지 행정(administration) 분야

_____

_____

_____

4. 사회 복지 실천 분야

1) _____

  _____

2) 사회 복지 실천 방법

  – _____ : _____

    _____

  – _____ : _____

    _____

  – _____ : _____

    _____

  – 통합 방법론: 위의 3가지 방법을 통합한 것

❶ 다음은 '사회 복지학 개론'에 대한 슬라이드입니다. 슬라이드를 보고 발표해 봅시다.

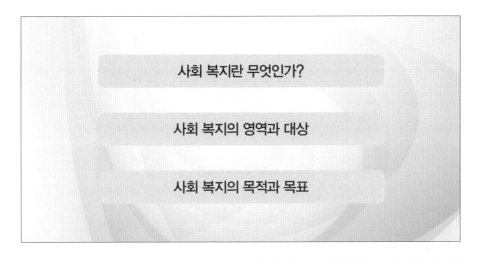

사회 복지 정책

- 사회 보험
  - 연금(국민, 공무원, 군인, 사립학교 교직원)
  - 고용 보험(실업보험)
  - 산재 보험
  - 건강(의료) 보험
- 사회 부조
  - 국민 기초 생활 보장
  - 노령 연금/아동 수당/청년 수당/보육 수당

사회 복지 행정

- 사회 복지 전달 체계(공공 기관)
  - 중앙 정부(보건복지부, 여성가족부, 문화체육부, 교육부 등)
  - 지방 정부(특별시, 광역시, 시, 군, 구)
  - 주민 복지 센터(동사무소)
  - 보건소, 정신 건강 증진 센터
- 사회 복지 전달 체계(민간 기관)
  - 종합 사회 복지관/장애인 종합 복지관/노인 종합 복지관
  - 건강 가정 지원 센터, 다문화 가족 지원 센터
  - 자활 센터

사회 복지 실천

최일선에서 사회 복지 서비스를 필요로 하는 사람들에게 서비스를 제공하는 것

- 개별 사회 사업(← Casework)
- 집단 사회 사업(← Groupwork)
- 지역 사회 조직(← Community Organization)
- 통합 방법론(개별, 집단, 지역 사회)

❷ 다음은 시험 문제입니다.

<table>
<tr><td>20   학년도 제   학기</td><td colspan="3" style="text-align:center">**시험답안지**</td></tr>
</table>

과목명		학위과정	학사/석사/박사/석·박사 통합	담당교수명	

대학 학부(과) 학년	학번 번	성명		검인	

'사회 복지'의 개념을 설명한 후, 사회 복지의 3대 분야에 대해 상술하시오.	성적

생각 열기

□ 다국적 기업은 어떤 특징이 있는지 이야기해 봅시다.

◇◇◇◇◇◇◇◇◇◇◇◇◇◇◇◇◇◇◇◇◇◇◇◇ **준비하기** ◇◇◇◇◇◇◇◇◇◇◇◇◇◇◇◇◇◇◇◇◇◇◇

◘ 다음은 강의 자료의 일부입니다. 슬라이드를 보고 질문에 답해 봅시다.

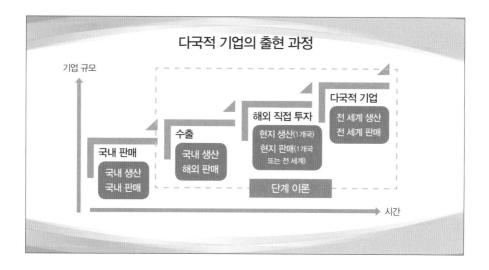

1. 국내에서 기업 활동을 하던 기업이 해외에 진출할 때 가장 먼저 하는 경영 활동은 무엇입니까?

2. 국내에서 생산한 물건을 해외에 수출하던 기업이 그 다음 하는 경영 활동은 무엇입니까?

3. 그 다음 단계에서 기업은 어떤 경영 활동을 합니까?

4. 국내 기업이 다국적 기업으로 기업 규모가 커지기 위해서는 무엇이 필요합니까?

🎧 강의를 들으며 빈칸을 채워 봅시다.
13-1

1. 전통적으로 다국적 기업이 (   )하는 방식은 지식과 자
   원 몰입, 몰입을 commitment라고 한다. 자원 리소스(resource)가 되겠다. 그
   래서 (   )로 보는 이론이 가장 유력한 이론
   이다.

2. 어떤 기업이든지 해외 시장에 진출해야겠다고 할 때 느끼는 거리라는 것이
   있다. 거리는 distance라고 한다. 그 (   )에는 거리에는 두 가지가 있다.
   하나는 (   )가 있다. 하나는 (   )가 있다.

3. (기업이) 너무 모르는 먼 곳에 가게 되면 너무 낯선 환경을 갑자기 만나게
   되고 그러면 기업 입장에서는 낯선 환경에 익숙해지는 과정, 친숙해지는 과
   정 동안 (   )을 해야 하는데 (   )과 (   )이 다
   들어가는 것이다.

4. 물리적으로 심리적으로 가깝게 되면 그 국가에 대한 (   ) 판
   단할 수 있다는 것이다. 그래서 가까운 거리를 나가게 된다. 가까운 거리로
   (   )하게 되면 그 해당 국가에 진출하게 되면 그 기업이 가지고 있는
   (   ) 즉 다국적 기업이 가지고 있는 여러 가지 자원을 (   )
   을 하는 것이다. (   )하는 것이다.

5. 기업은 (   )을 통해서 현지, 로컬 마켓(local market)이라고 부르
   는데 로컬 마켓에서 (   )을 이어가는 것이다.

6. (기업은) 활동을 이어간 시간만큼 (   )이 쌓인다. 경험이 쌓이고 경험이

(　　　　)되면 (　　　　　)가 된다. 그리고 노하우가 축적되면 (　　　　)이 된다. 그러니까 자원을 충분히 (　　　　　)을 하고 열심히 활동을 하다 보면 반대급부적으로 (　　　　　)되는 것이다…. 지식이 쌓이면 어떻게 되는 것이냐? 다음 행보에 대해서 (　　　　　　)으로 갈 수 있다는 판단을 한다. 내가 좀 아는 것이 있다. 우리 기업이 쌓은 (　　　　)이나 (　　　　)가 있다고 판단을 하니까 조금 더 먼 거리, (　　　　　　　　　　　　) 로 진출할 수 있다는 것이다. 그래서 지식은 다시 어떤가? 더 먼 시장에 (　　　　　　)을 불러 오고 자원 투입은 또 (　　　　　　　)을 쌓아 주고 이것이 (　　　　) 구조를 가지고 계속 돌아간다.

7. 다국적 기업이 (　　　　　)에 진출할 때 마치 (　　　　　　)을 밟아 올라가듯 이 이런 형태로 진출을 한다.

8. (기업은) 처음에는 아는 것이 없으니까 indirect expert라고 하는 간접 수출을 한다. (　　　　　　　)이 쌓이면 그러니까 지식이 쌓이니까 (　　　) 를 적극적으로 바꾸는 것이다. 그래서 (　　　　　　)을 한다. 그러나 간접이든 직접이든 수출의 형태이니까 (　　　　　)이 충분히 쌓이면 어떤 생각을 하게 되나면 '아, 내가 현지에 가서 직접 한 번 비즈니스를 하는 것도 괜찮겠다. 왜? 내가 자원 투입을 해서 아는 것이 있다.' 그렇다면 (　　　　　) 올라간다…. 그래서 현지에 좀 더 많은 (　　　)을 옮겨서 좀 더 (　　　　　　　　　)를 하게 되는 것이다. 그럼 이 단계를 통해 가지고 '내가 좀 더 충분히 알았다.'라고 해서 그 다음 단계에 딱 올라가게 되면 전략적 제휴라고 하는 strategic alliance 같은 걸 하게 된다. (　　　　　　)라는 게 무엇인가? '현지에 있는 파트너(partner)와 직접 (　　　　　) 현지에서 활발하게 (　　　　　)을 하겠다.'라는 것이다. 그러니까 이 수준의 지식을 쌓았단 얘기는, 이 수준의 자원 몰입을 했단 얘기는 (　　　　　)의 활동보다 2단계 혹은 몇 단계 (　　　　　) 위에 가 있는 활동으로 봐야 된다.

9. 현지에 믿을 만한 파트너(partner)와 조인트 밴처 컴퍼니(Joint Venture Company, 합작 투자 법인)라고 하는 합작 기업을 (   )을 한다…. (   )을 설립을 하게 되면은 합작 기업은 (   )에 따라 가지고 내가 50%를 초과해서 가지고 있는 메이저(major)가 있고, 딱 50%만 가지고 있는 이퀄(equal) 형태가 있고 그 다음에 50%보다 (   )를 가지고 있는 마이너(minor) 이퀴티(equity, 지분)가 있는 것이다…. 50%를 초과하는 금액을 가지고 있을 때 어떤가? 경영 책임이라든가 내가 (   )이 많아지기 때문에 좀 더 책임 있고 적극적인 (   )을 하게 된다.

10. (기업이) 이제 JVC(Joint Venture Company, 합작 투자 법인)를 통해 갖고도 충분히 많은 경험을 쌓았다라고 하면은 궁극적으로 (   )에 나타나는 현상이 FDI(Foreign Direct Investment)이다. 이게 포린 다이렉트 인베스트먼트. 한국말로는 해외 직접 투자라고 부른다. 그러니까 (   )는 다국적 기업이 해외 시장에 진출하는 방식 중에 (   )의 진출 방식이다. 그래서 FDI를 하게 되면 다국적 기업이 wholly-owned subsidiary(WOS)라고 하는 완전 자회사를 설립을 한다. (   )를 설립을 하는데 이 완전 자회사라는 건 무엇인가? (   )를 내가 가지고 있는 완전 자회사를 (   )을 하는 것이다.

11. (기업은) 지식이 축적되면 좀 더 먼 시장에 다양하고 많은 자원을 (   ) 해서 조금 더 적극적 활동을 하고, 그런 적극적 활동을 통한 (   )를 가지고 다시 또 (   )을 쌓고. … 이것이 이제 (   )로 계속 돌아가게 되면서 한 단계 한 단계 한 단계 이렇게 위로 올라가서 (   )에서 시작한 기업이 최종적으로 FDI를 하는 과정까지 이르는 것이다. 이런 모델은 stage theory라고 하는데 한국말로 번역을 하면은 단계 이론… (   )을 밟아 올라가듯이 다국적 기업의 해외 시장 진출의 (   )가 높아진다. 그런 의미에서 (   )이라고 부른다. 그리고 이 단계 이론의 원리는 다시 한 번 말하면 (   )에 있다.

🖥️ 강의 동영상을 보면서 필기를 해 봅시다.
13-2

[20　년　월　일]

제목: 다국적 기업의 해외 시장 진출 방식과 출현 형태

1. 지식과 자원 몰입의 상호 관계

　　1) _____

　　　　이유: 낯선 환경에 익숙해지는 과정에서 시간과 비용이 들기 때문

　　2) _____

　　　　_____ → 활동을 이어간 시간만큼 경험이 축적됨 → 노하우

　　가 생김 → 노하우가 축적되면 지식이 됨 → _____

　　_____

2. 단계 이론(Stage Theory)

　　1) 다국적 기업이 해외 시장에 진출할 때 _____ 진출

　　하는 것을 나타낸 이론

　　2) 지식이 축적되면 _____

　　_____

　　　▶ 1단계: _____

　　　▶ 2단계: _____을 하게 됨

　　　　– _____

　　　▶ 3단계: _____을 맺음

　　　　– _____

　　　▶ 4단계: _____(JVC, Joint Venture Company) 설립

　　　　– _____ 때문에 좀 더 책임 있고 적극적인 경영활동

을 하게 됨

▶ 5단계: _____(FDI, Foreign Direct Investment) 설립

- _____

- _____

★ '지식과 자원 몰입의 상관관계'와 '단계 이론'의 연관성

- 기업은 _____함으로써 _____을 축적하게 됨

이런 _____에 올라가면서 _____

_____을 정함

◇◇◇◇◇◇◇◇◇◇◇◇◇◇◇◇◇◇◇◇◇◇◇◇◇ **준비하기** ◇◇◇◇◇◇◇◇◇◇◇◇◇◇◇◇◇◇◇◇◇◇◇◇◇

◩ 다음은 강의 교재의 일부입니다. 읽고 질문에 답해 봅시다.

　　기업은 생산 원가를 줄이는 대신 제품의 가치를 높임으로써 이윤을 추구한다. 기업이 해외 시장에 진출할 때도 마찬가지의 방법으로 이윤을 추구하므로, 최소 비용이 소요되는 지역에서 상품을 생산하려고 한다. 그러나 세계 여러 지역에 존재하는 다양한 소비자의 요구를 충족시킬 수 있는 제품을 제공해야 한다. 이처럼 기업이 해외 시장에 진출할 때에는 비용 절감과 현지화의 문제를 해결해야 한다.

　　다국적 기업은 비용 절감과 현지화에 대한 압력의 정도에 따라 경영 전략을 선택한다. 이를 TGIM이라고 한다. 여기서 T는 transnational, G는 global, I는 international, M은 multinational을 지칭하며 뒤에 전략을 뜻하는 strategy를 붙여 초국적 전략, 글로벌 전략, 국제화 전략, 다국적 전략이라고 부른다.

　　초국적 전략(Transnational strategy)은 현지화 압력과 비용 절감 압력이 높은 상태에서 취하는 전략이다. 지역 효과 및 규모의 경제를 활용해 비용을 낮추면서도 현지의 요구에 대응하는 전략이다. 전통적인 사례로 미국의 캐터필러(Caterpillar)사를 들 수 있다. 이 기업은 건설 기계 업체로 부품을 표준화해 최적의 지역에서 생산하여 비용을 절감하고, 소비 지역에 공장을 지어 현지의 요구에 맞게 조립했다. 이 전략을 취하는 기업은 본사와 자회사가 수평적인 관계를 유지한다. 자회사는 자회사대로 경영에 대한 의사결정을 하고, 본사는 본사대로 자회사의 상황을 반영하여 협조하거나 통제하며 경영에 대한 의사결정을 한다. 그리고 자회사 간에도 직접적으로 정보나 여러 자원을 교환한다.

　　글로벌 전략(Global strategy)은 비용에 대한 압력만 높은 상태에서 취하는 전략이다. 본사의 주도로 최적의 지역에서 생산, 연구 등의 경영 활동을 한다. 이때 특정 지역의 경제성을 이용하여 표준화된 제품을 최소의 비용으로 공급하는 데 초점을 둔다. 인텔(Intel), 삼성반도체 등과 같이 전 세계 어디에서나 동일한 규격으로 사용되는 제품을 대규모로 생산하는 기업들이 주로 취하는 전략이다. 현지화 압력이 적고 비용에 대한 압력이 높은 상태에서 제품을 생산하기 때문에 대규모 생산을 통해 가격을 다운시켜 비용 압력을 줄이게 된다. 이 전략을 선택한 기업은 본사 중심의 경영 구조를 띤다. 본사에서 제품에 대한 기획, 설계, 생산, 물류에 대한 설계까지 하고 현지의 자회사는 그것을 운반해서 판매하고 실적을 관리하고 보고만 한다. 현지 특성을 반영할 필요가 없기 때문에 전 세계에 저렴한 가격으로 제품을 공급하여 규모의 경제를 실현하는 것이 목적이 된다.

국제화 전략(International strategy)은 비용 절감 압력과 현지화 압력이 둘 다 낮은 상태에서 취하는 전략이다. 기업이 보유하고 있는 기술과 상품이 존재하지 않는 해외 시장에 자신들의 기술과 상품을 판매함으로써 새로운 가치를 창조하기 위해 노력한다. 예를 들면 피앤지(Procter & Gamble), 토이저러스(Toysrus)와 같은 기업처럼 자국에서 생산한 제품이나 서비스를 해외에서 그대로 판매하거나 제공하는 경우를 말한다. 시장 경쟁이 심하지 않고 고객들의 요구도 까다롭지 않던 과거에 주로 사용하던 방법으로 많은 기업들이 초창기에 이 전략을 사용했다. 해외에 마케팅이나 영업 조직을 설치하는 경우도 있으나 모든 권한은 본사에 집중되어 있다.

다국적 전략(Multinational strategy)은 현지화에 대한 압력만 높은 상태에서 취하는 전략이다. 현지화에 대한 압력이 높다는 것은 국가마다 기후, 풍토, 생활 습관, 문화 등이 다르기 때문에 현지 특성을 바로 반영하여야 한다는 의미이다. 그렇기 때문에 기업이 진출한 국가마다 연구, 생산, 판매 등의 조직을 갖추고 있는 경우가 많다. 특히 현지 소비자의 다양한 요구를 반영해야 하는 화장품이나 가정용품 등을 생산하는 기업들이 주로 취하는 전략이다. 이 전략을 취하는 기업은 현지화 적응에 대한 요구에 부합해야 하기 때문에 분권화된 조직 구조를 갖추고 있으며 현지 자회사의 권한이 크다. 자회사가 직접 현지를 통제하는 활동 방식을 취한다.

1. 다국적 기업이 해외 시장에 진출할 때 직면하게 되는 압력에는 무엇이 있습니까?

2. 그 압력의 높고 낮음을 기준으로 했을 때 다국적 기업이 선택할 수 있는 전략은 무엇입니까?

3. 다국적 기업이 물품의 특성에 따라 취하는 전략 중 다국적 전략과 글로벌 전략 사례에는 어떤 것이 있습니까?

4. 초국적 전략과 국제화 전략을 취하는 다국적 기업에서 본사와 자회사의 관계는 어떻습니까?

◎ 중요하다고 생각되는 용어를 찾아 정리해 봅시다.

☐ ＿＿＿＿＿＿＿＿＿ : ＿＿＿＿＿＿＿＿＿＿＿＿＿＿＿＿＿
☐ ＿＿＿＿＿＿＿＿＿ : ＿＿＿＿＿＿＿＿＿＿＿＿＿＿＿＿＿
☐ ＿＿＿＿＿＿＿＿＿ : ＿＿＿＿＿＿＿＿＿＿＿＿＿＿＿＿＿

강의를 들으며 빈칸을 채워 봅시다.

1. 다국적 기업은 다른 기업과 다르게 최소한 2개 이상의 국가에서 비즈니스
   활동을 수행하고 있다. 그러므로 다국적 기업은 어떤 현상을 직면한다? 내
   수 기업이 만날 수 없는 새로운 (   )에 직면한다라는 것이다. 그리고
   낯선 환경은 반드시 (   )을 요청한다. 낯선 환경에 가서 살아남으려
   면 적응을 해야 되는 것이다…. 그렇기 때문에 다국적 기업은 해외 시장에
   진출할 때 (   )해야 된다. 어떤 전략으로 해외 시장에 나갈까?
   이게 중요한 것이다. 이 굉장히 중요한 (   )을 해야 된다. 누가 의사
   결정을 하는가? 다국적 기업의 (   )이 한다.

2. X축은 현지화 압력, Y축은 비용에 대한 압력이 되는 것이다…. 자 그러니까
   현지화 압력이 낮고 높고, 비용에 대한 압력이 낮고 높고. 두 가지에 따라 가
   지고 여기 다 적겠다. 투바이투 매트릭스(2 by 2 matrix)가 존재하는 것이다.
   그 결과 이 원인이 높고 낮고 높고 낮고에 따라 가지고 1, 2, 3, 4 네 개의 분
   면이 갈리는 것이다. 그러니까 이쪽 분면을 본다면 어떠한가? 현지화에 대한
   압력도 (   ) 비용 절감에 대한 압력도 (   ) 상태이다. 이쪽은 어
   떠한가? 비용 절감에 대한 압력은 (   ) 현지화에 대한 압력은 (   )
   상태이다. 이쪽은 어떤 상태인가? 둘 다 (   ) 상태이다. 여기는 어떤가?
   현지화에 대한 압력은 (   ) 비용 절감에 대한 압력은 (   ) 상태이다.

3. 각각 투바이투, 그래서 네 개의 매트릭스가 나오게 되는데, 여기에 이제 머
   리글자만 따 가지고 (   )을 적겠다…. TGIM이라 이렇게 부른
   다…. T는 뭐냐면 트렌스네셔널(transnational), 이것은 글로벌(global), 이것
   은 인터네셔널(international), 이것은 멀티네셔널(multinational). 그리고 뒤에
   는 똑같이 (   ) 스트레터지(strategy)가 붙는다. 즉 트렌스네셔널 스

트레티지(transnational strategy), 글로벌 스트레티지(global strategy), 인터네셔널 스트레티지(international strategy), 멀티 도메스틱 스트레티지(multi-domestic strategy) 또 다른 말로 멀티네셔널 스트레티지(multinational strategy) 이렇게 붙는 것이다. 그럼 이것을 우리말로 번역을 해 보면은 먼저 여기는 뭐라고 번역을 하느냐? 한국말로는 (   )이라고 한다. 초국적 전략… 이것은 그냥 영어를 그대로 발음을 살려서 (   )이라고 이야기한다…. 그 다음에 이것은 (   )이라고 얘기를 한다. 국제 전략이라고 얘기를 하고, 이것은 (   )이라고 얘기를 한다.

4. 트랜스네셔널, 다시 한 번 정리한다. 두 압력이 모두 (   ) 상태, 글로벌은 (   )만 높은 상태, 인터네셔널은 둘 다 (   ) 상태, 멀티네셔널 또는 멀티 도메스틱이라고 하는데 이 상태는 (   )만 높은 상태이다.

5. 멀티네셔널 스트레티지를 선택하는 기업들이 주로 (   )에 어떤 게 있냐면은… 화장품, 그 다음에 가정용품, 가정… 뭐 주방 뭐 이런 것들, …(   ) 같은 경우는 국가마다 어떤가? (   )가 다르고 (   )가 다르니까 같은 걸 쓸 수가 없다. 그러니까 (   )을 바로바로 반영해 가지고 (   ) 라인업(line up)을 다양하게 만들어야 된다…. 반면에 오로지 (   )만 절감하는 제품 중에 대표적인 게 뭐냐면 볼베어링이다. 볼베어링(ball bearing)이 무엇인가? 여러분 쓰고 있는 펜 끝에 있는 조그마한 볼, …(   )이 전혀 필요 없는 제품인 것이다. 그러니까 …(   )을 통해서 가격을 (   )시킬 수 있게끔 비용 압력을 (   ) 것이다.

6. 멀티네셔널 스트레티지는 현지화 압력이 높은 상태고 비용 압력은 낮은 상태이기 때문에 굉장히 (   )된 (   )를 갖춰서 … 현지 자회사의 (   )이 크다. 그러니까 본사의 (   )이 굉장히 낮다…. 자회사가

현지를 직접 (   )하는 그런 활동 방식을 보이고 있고, 인터네셔널 같은 경우는 마찬가지로 … 현지에 있는 기업에 그 (   )에 대한 중요성이 있지마는 (   )보다는 떨어지기 때문에 (   )하고의 커넥션(connection)이 좀 더 굵은 선으로 이어져 있다. 이것은 뭐 (   )으로 이어져 있다면 이건 (   )으로 이어져 있다. 그러니까 이때는 본사의 통제 수준이 조금 더 이것보다 (   )까지 통제를 하는 것이다. (   ) 관리 이런 것까지 하는 것이다….

7. 글로벌로 가면 어떻게 되느냐… 그러니까 현지 자회사 (   )이 거의 없다. 본사에서 제품의 (   ), (   ), 생산, 그 다음에 로지스틱스(logistics), 이런 부분에 대한 설계까지 다 해 주고 현지에 있는 기업은 단순하게 그것을 잘 딜리버리(delivery)해 가지고 잘 (   )해서 (   )하고 실적을 (   )하고 (   )하고 이런 것만 하게 된다…. 본사를 중심으로 응축적으로 (   )해서 전 세계 (   )으로 저렴한 로우 프라이스(low price)로 쫙 (   )을 해 가지고 규모의 경제를 (   )하고 그 다음에 어떻게 하는가? (   )를 확보하는 게 이 전략의 가장 큰 목적이다.

8. 반면에 트랜스네셔널은 … 가운데에 있는 (   )를 놓고 주변에 이런 (   )가 있다라고 하면은 이런 (   )를 가지고 있다. 그러니까 여기는 (   )이면서 (   )이다. 본사하고 자회사 간에 위가 있고 아래가 있고 그런 게 아니고 자회사는 자회사대로 (   )해 갖고 경영에 대한 (   )을 하고, 본사는 또 본사대로 그런 그 여러 자회사들의 (   )을 반영해 갖고 종합적으로 또 협조할 건 협조하고 통제할 건 통제를 한다. 그리고 자회사 간에도 직접적인 정보의 교환이라든가 여러 가지 (   )이 일어난다. 본사를 (   ) 않고 일어난다는 게 이런 특징인 것이다. 그래서 이런 기업은 전 세계에서 어떤 제품을 생산하는데 그 생산 부품을 (   )할 수 있는 (   )에 다 흩어져 나가 있는 것이다.

🖥 강의 동영상을 보면서 필기를 해 봅시다.
13-4

[20   년   월   일]

제목: 다국적 기업의 전략

1. 다국적 기업의 전략의 특징
    – 다국적 기업은 _____을 수행함
    – 내수 기업과 달리 _____가
      중요 요소가 됨

2. 전략 설정 기준과 운영 전략
    1) 전략 설정 기준

비용을 줄임
→ _____ 확보
→ _____ 절감
→ _____ 에 대한
_____ 압력

y축
고

저

저   고
x축

(_____) 압력
현지 사회가 가지고 있는 _____ 에 따라 현지인에게 _____ 제품과 서비스를 _____ 하라는 압력

2) TGIM 전략

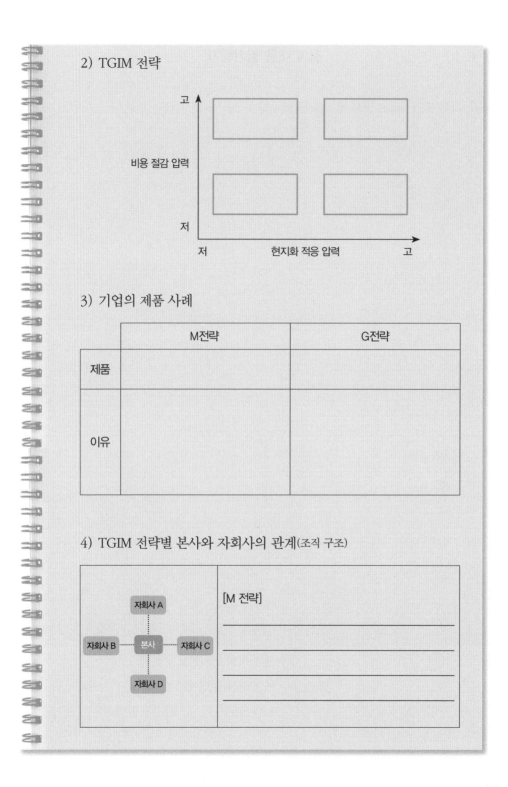

3) 기업의 제품 사례

	M전략	G전략
제품		
이유		

4) TGIM 전략별 본사와 자회사의 관계(조직 구조)

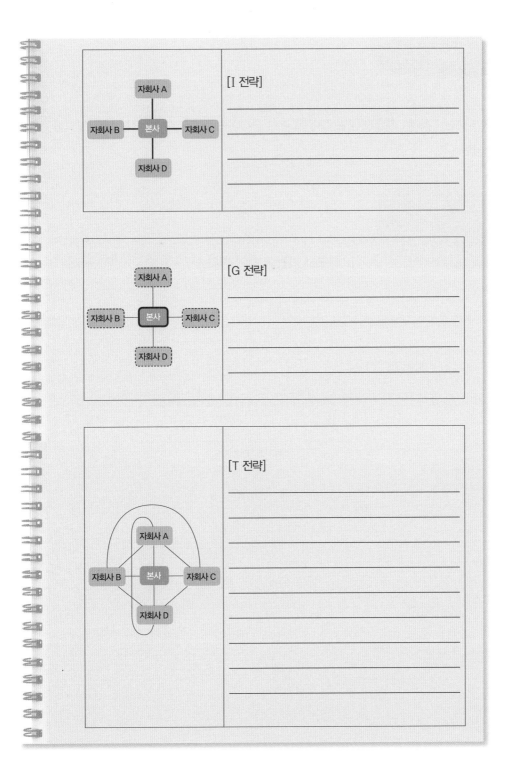

[I 전략]

_____

_____

_____

_____

[G 전략]

_____

_____

_____

_____

[T 전략]

_____

_____

_____

_____

_____

_____

_____

_____

_____

_____

학업 능력 키우기

❶ 다음은 '다국적 기업과 경영 전략'에 대한 슬라이드입니다. 슬라이드를 보고 발표해 봅시다.

전략별 '제품의 특성'과 '본사와 자회사의 관계'를 중심으로 설명해 보세요.

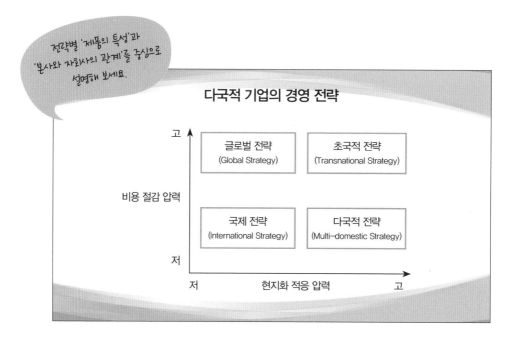

다국적 기업의 경영 전략

❷ 다음은 시험 문제입니다.

<table>
<tr><td colspan="2" rowspan="2"></td><td rowspan="2" colspan="4">20___ 학년도 제___ 학기</td><td colspan="2">시험답안지</td></tr>
</table>

20___ 학년도 제___ 학기

시험답안지

과목명		학위과정	학사/석사/박사/석·박사 통합	담당교수명	

대학 학부(과) 학년	학번 번	성명		검인	

비용 절감 압력과 현지화 적응 압력을 기준으로
다국적 기업의 운영 전략을 기술하시오.

성적

경영 환경의 변화

 생각 열기

◻ 다음은 최고 경영자들의 인터뷰 중 일부입니다. 기업들이 변화하는 경영 환경에 대응하기 위해서 어떠한 요소를 고려해야 하는지 이야기해 봅시다.

기업의 변화 속도가
경영 환경 변화 속도를
따라가지 못한다면
그 기업은 생존하기 힘들 것이다.
– 잭 웰치(Jack Welch) 전 GE 회장

우리 기업 최고의 가치는
첫째도 사람, 둘째도 사람입니다.
학벌, 인종 등의 배경과 상관없이
그 사람 자체의 능력과 성품을
중요하게 생각합니다.

글로벌 기업은
더 높은 윤리 의식이 필요합니다.
기업을 넘어 사회에 대한,
국제 사회에 대한 책임이 있기
때문입니다.

◇◇◇◇◇◇◇◇◇◇◇◇◇◇◇◇◇◇◇◇◇◇◇ **준비하기** ◇◇◇◇◇◇◇◇◇◇◇◇◇◇◇◇◇◇◇◇◇◇◇

▣ 다음은 강의 자료의 일부입니다. 슬라이드를 보고 질문에 답해 봅시다.

다양성 차원
1차원적 다양성: 태생적 특질 • 연령, 성별, 인종, 신체적/정신적 능력 등 • 관찰 및 측정 용이, 쉽게 변하지 않음 **2차원적 다양성: 사회적, 후천적 특질** • 학력, 소득 수준, 혼인 유무, 군 경험 유무, 종교, 경력 등

다양성의 중요성
다양성의 가치 • 직원 구성의 다양성은 조직의 성과에 영향을 미침 **오늘날 많은 조직은 다양성을 추구함** • '서로 다름'을 존중 • 직원들의 다양한 재능, 관점, 배경 등을 적극 활용

다양성의 중요성
다양성의 결과 • 풍부하고 다양한 아이디어와 시각 → 신제품 개발 및 마케팅 전략, 소비자 만족도 증진에 도움 • 다양성이 존중받는 직원들은 보다 창의적이고 강한 동기를 보임 • 팀워크를 향상시키고 직원들의 직무 몰입도와 생산성을 높여 조직의 목표를 달성하는 데 기여

다양성이 왜 중요한가?
조직의 성과와 직결!(CEO 대상 설문 결과) 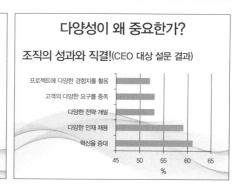

1. 다양성은 어떻게 분류할 수 있습니까?

2. 다양성을 추구하는 기업에는 어떤 결과가 나타납니까?

3. CEO들은 다양성이 왜 중요하다고 생각합니까?

◉ 중요하다고 생각되는 용어를 찾아 정리해 봅시다.

☐ _____ : _____

☐ _____ : _____

강의를 들으며 빈칸을 채워 봅시다.

1. 다양성은 크게 이렇게 두 가지로 나누어 볼 수가 있다. 먼저 (   )
   이다. 1차원적 다양성은 (   )이라고도 한다. 그리고 두 번째 다
   양성은 (   )이고 좀 더 (   )인 다양성이라고 볼 수가 있다.

2. 1차원적 다양성은 개개인이 태어나면서 가지는 (   ), 특성을 기반으
   로 한 다양성이다. 그래서 우리가 쉽게 바꿀 수가 없다. 나이, (   ) 혹은
   (   ), 나의 (   ) 혹은 신체적인 능력, 정신적인 능력, 이러한 것
   들이 1차원적 다양성을 (   )이라고 할 수가 있다. 1차원적인
   다양성은 (   )이 매우 (   )하고 또한 (   )도 매우 어렵다는
   특징도 가지고 있다.

3. 2차원적 다양성에 대한 (   )를 얻기 위해서는 우리가 좀 더 시간을 가지
   고 그 사람에 대해서 정보를 알아내겠다는 노력, (   )이 필요
   하다. 그 사람의 학력, 혹은 (   ), 혹은 그 사람이 결혼을 했는가, 아
   이는 있는가, 군대는 갔다 왔는가, (   )는 무엇일까, 그 사람의 과거, 이
   분야에서의 (   )은 어떠할까, 이런 것들은 (   ), 혹은 내가
   (   )이기 때문에 변경이 좀 더 용이하다.

4. 그 조직 내 어떤 집단, 팀이나 혹은 집단이나 혹은 그 조직 전체를 봤을 때
   (   )들이 존재한다. 이 (   )을 논할 때 우리
   가 (   )에 대한 (   )을 좀 생각해 볼 필요가 있다. 우리가 연
   령에 따라서 (   )을 한다고 하면 보통 조직 내에서는 고령 근로자에
   대해서 좋지 않은 고정관념과 (   )이 있기 때문에 고령 근로자에 대한
   차별을 하는 경우가 종종 있다. 하지만 연구들에 의하면 고령 근로자가 우리

의 고정관념과 편견과는 달리 반드시 그렇게 (   )가 낮지는 않다라고 이렇게 알려져 있다.

5. 고령 근로자들은 … (   )이 많기 때문에 (   )이 뛰어나고 상황 판단력이 뛰어남에 따라서 (   )도 뛰어난 경향이 있다. 또한 지 각을 덜 하고 결근도 덜 하는 그런 경향이 있다. (   )를 보이 는 경향이 있다.

6. 멘토링 프로그램(mentoring program)을 통해서 (   )를 확대하는 게 그 예가 될 수 있다. 그래서 어떤 기업에서는 새로 들어온 (   )과 회 사에서 오래 근무를 한 기존 사원을 (   )의 개념으로 팀을 짜 줘서 그 안에서 서로 서로가 가진 (   )을 자연스럽게 (   )할 수 있게 끔 그렇게 (   )를 하는 프로그램들이 있다.

7. 역멘토링이라고 해서 국내 특정 기업에서는 (   )이 멘토가 된다. 신 입사원이 (   )가 돼서 (   )에 있던 (   )의 근로자가 미 처 잘 알지 못하는 (   )이라든가 이러한 것들을 가르쳐 줌으로써 (   )를 허무는 그런 노력을 하고 있다.

8. 유리천장은 여성 관리자 혹은 (   )에 속한 그런 구성원들이 조직 내 (   )을 향해서 올라갈 때 경험하게 되는 (   )이라고 할 수가 있다. 이 장벽은 (   )으로, (   )으로는 보이지 않는 장벽이 다. 그래서 유리천장이라고 한다. 그래서 많은 조직들에서 여성 근로자들이 (   ) 정도까지는 굉장히 순탄하게 올라가지만 중간 관리자 이상에서는 보이지 않는 이러한 장벽으로 인해서 (   )으로 승 진이 굉장히 어렵게 되는 이러한 현상들을 우리가 많이 볼 수가 있다.

9. 해외에서 온 (   ), 해외에서 온 근로자들을 통해서 이러한

(   )이라든지 (   )도 많이 증대될 것으로 보인다. 또한
(   )에 따라서 우리가 국내에 있는 국내의 기업에서만 국한될 것
이 아니라 해외의 다양한 기업에서도 일할 수 있는 기회가 점점 많아질 것
으로 그렇게 예상이 된다.

10. 다양성이 (   )되고 다양성이 잘 (   )되고 있는 조직은 (   )도
    높은 경향을 보인다. 그래서 오늘날 많은 조직이 (   ), 다양성에
    대한 (   )을 활발히 하고 있다. (   )을 존중하고 내가 너와
    다름을 존중하고. 또 집단과 집단이 다름을 존중하고 개개인들의 서로 다른
    (   )들을 (   )을 하는 것이다. 적극 활용함에 따라
    서 좀 더 (   )을 통해서 문제를 해결하게 되고 좀 더 다양하고 좀
    더 (   )도 얻게 되는 것이다.

11. 직원들이 내가 가진 (   )에도 불구하고 내 조직이 나를
    (   )라고 느낀다면 이 느낌 자체가 굉장한 (   )로 작
    용을 한다…. 이러한 생각을 가지게 된다면 그 직원은 좀 더 창의적이고 강
    한 동기를 보일 수 있다고 한다. 또한 (   )과 그런 (   )도
    높아진다. 그에 따라서 궁극적으로는 (   )과 조직의 (   )
    도 높아질 것이다.

12. 실제 CEO 톱 매니저(top manager)들은 (   )들을 대상으로 한
    (   )에 의하면 이러한 이유들로 다양한 조직에서 다양성을 중요하게
    생각을 하고 있다고 한다. 특정 이슈(issue)에 대해서 다양한 (   )
    해서 다양한 (   ), 다양한 아이디어를 (   )할 수가 있고, 또한
    (   )할 수가 있으며, 또한 다양한 (   )할 수가 있다.

🖥 강의 동영상을 보면서 필기를 해 봅시다.
14-2

[20   년   월   일]

제목: 다양성의 이해

1) 다양성의 종류

   ① 1차원적 다양성: _____

   – _____을 기반으로 한 다양성

   – 나이, _____ 등

   – _____

   ② 2차원적 다양성: _____

   – 정보를 얻기 위해서는 _____

   – _____ 특질

   – _____ 등

   – 변경 용이함

2) 다양성의 실례

   ① 연령 다양성

   – _____들이 존재

   – 고령 근로자에 대한 _____이 존재

   – 그러나 연구에 따르면 _____가 없음

   – _____의 장점: _____

   _____ 있음

   – 고령 근로자에 대한 고정관념과 _____

     • 멘토링 프로그램: _____

     _____로 팀을 구성하여 _____

    • 역멘토링 프로그램: _____

    _____

② 성별 다양성
  – 유리 천장: _____

  _____

  – 조직 내 다양한 프로그램과 정책을 통해 극복하려고 노력함
    예 1) 정부 차원에서 여성 인재 DB 관리
    예 2) 멘토링이나 네트워킹 프로그램: _____

    _____

    _____

    예 3) _____ 교육: _____를 알려 줌

3) 다양성의 중요성
  – 다양성이 _____을 미침
  – 서로 다름을 존중하고 _____

  _____

    ⇒ 많은 조직이 다양성 문화, 다양성에 대한 교육을 활발히 하고 있음
  – _____에 큰 도움이 됨
  예) 중국 시장에 진출하는 경우, _____

  _____

  – _____에 대응해야 함
  – 다양성 존중은 직원에게 _____를 함 ⇒ _____도 높아짐
    ⇒_____도 높아짐

◇◇◇◇◇◇◇◇◇◇◇◇◇◇◇◇◇◇◇◇◇◇◇◇◇◇◇ **준비하기** ◇◇◇◇◇◇◇◇◇◇◇◇◇◇◇◇◇◇◇◇◇◇◇◇

◘ 다음은 강의 교재의 일부입니다. 읽고 질문에 답해 봅시다.

기업 조직을 둘러싼 환경은 늘 변화하고 있다. 특히 정보 기술과 교통 수단의 발달로 인해 최근의 조직 환경은 급속도로 변화하고 있다. 변화하는 경영 환경에 대처하지 못하는 기업은 시장에서 도태될 수밖에 없다. 이로 인해 조직들은 경영 환경의 변화를 이해하고, 수용하고 그에 대처하기 위해 노력하고 있다.

최근 기업들이 주목하고 있는 경영 환경의 변화에는 국제화, 다양성, 기술 발전, 윤리, 새로운 고용 관계 등이 있다.

우선 국제화는 정보 기술과 교통 수단의 발달로 전 세계가 하나의 경제권, 생활권이 되면서 일어난 경영 환경의 변화를 말한다. 국제화로 인해 기업은 국내뿐만 아니라 다른 나라의 직원, 고객, 경쟁 업체를 상대하게 되었다. 기업은 성장을 모색하는 과정에서 비용 절감과 효율성 증대를 위해 값싼 노동력을 제공하는 생산 기지를 해외에서 찾게 되었다. 이처럼 기업들은 국제화하고 있는 경영 환경에 대처하기 위해 많은 자원을 국제화에 투입하고 있다. 그러다 보니 기업들의 국제적 경쟁이 심화되었다.

둘째, 다양성은 국제화와 관련이 있다. 노동 인구의 이동이 많아지면서 기업 내부와 외부의 노동 인구도 다양해졌다. 노동 인구가 다양하다는 것은 한 조직 내에 다양한 집단에 속한 구성원들이 존재한다는 의미이다. 이 경우 조직 내에는 성, 인종, 국적 등의 집단에 속해 있는 개인들이 지니는 고정관념과 편견도 동시에 존재한다. 조직 구성원이 지니고 있는 집단적 속성을 범주화해서 그들은 같은 태도와 행동을 보일 거라고 생각하게 되고, 이를 바탕으로 판단하게 된다. 이러한 고정관념과 편견은 직원들의 행동 패턴을 예측하는 인지적 노력과 시간을 줄일 수 있다는 장점이 있으나 개인의 고유한 능력과 장점을 보기 힘들게 되어 편협한 의사결정을 내릴 수 있다는 단점도 있다. 그러므로 다양한 노동 인구로 구성된 조직에서는 고정관념과 편견을 조심해야 한다.

셋째, 기술 발전이다. 여기서 기술이란 조직이 알고 있는 지식과, 그 지식을 활용할 수 있는 도구, 그리고 그 도구로 제품을 만들어낼 수 있는 기능의 총체적인 합을 의미한다. 기업은 그 기업이 보유하고 있는 기술로 제품이나 서비스 등 산출물을 내는데, 기술 발전을 잘 포착해서 더 나은 제품을, 더 나은 방법으로 생산하기 위해서 새로운 기술의 활용, 기존 프로세스와 서비스의 개선에 대해 치열하게 노력한다.

넷째, 윤리이다. 윤리란 옳고 그런 행동을 규정하는 신념으로 사람이 지켜야 할 규범이나 도리를 말한다. 최근의 사회적 분위기는 기업의 지도자들이 옳다고 생각되는 행동, 사람이 마땅히 지켜야 할 규범에 따라 행동하는 것을, 즉 윤리적인 행동을 하기를 기대하며 요구하고 있다. 그리고 기업의 지도자뿐만 아니라 조직 내 구성원인 직원들과, 기업 전체가 윤리적인 정책을 세우고, 윤리적인 전략을 펼치고, 윤리적인 행동을 하면서 윤리 경영을 할 것을 기대한다. 다시 말해 윤리적인 요인들을 고려하여 조직 경영과 관련된 의사결정을 내려야 한다.

다섯째, 새로운 고용 관계의 등장이다. 지식 근로자, 프리 에이전트(free agent), 아웃소싱(outsourcing), 비정규직 근로자 등 새로운 형태의 고용 관계가 나타나고 있다. 지식 근로자들은 자신이 보유하고 있는 지식과 기술을 바탕으로 조직 성과에 기여하므로 기업들은 이들의 지식과 기술 발전을 돕기 위한 방안을 고민해야 한다. 프리 에이전트들은 자신의 전문적인 지식이나 도구를 한 조직에 소속되지 않고 여러 조직에서 독립적이며 창조적으로 활동하는 개인을 뜻한다. 이는 노동 시장의 유연화, 조직 위계 구조의 축소를 가져올 수 있으므로 기업은 이에 대비해야 한다. 다음으로 아웃소싱이란 기업 업무의 일부를 경영 효율성 증대를 위해 제3자에게 위탁해 처리하는 것을 말한다. 기업의 자원은 한정적이어서 부수적인 업무에 투자하는 자원을 줄이고 핵심 역량을 강화하기 위해 기업은 이 방법을 택한다. 근로 기간이 정해져 있는 계약직, 시간제, 임시직, 비상근 근로자 등 비정규직 근로자의 증가도 경영 환경의 변화 중 하나로 들 수 있다.

1. 기업들이 직면하게 되는 조직 환경의 변화에는 어떤 것들이 있습니까?

2. 국제화가 주요한 경영 환경의 변화 중 하나로 대두된 요인은 무엇입니까?

3. '윤리 경영'이란 무엇을 의미합니까?

4. 최근에 등장한 새로운 형태의 고용 관계로는 무엇을 들 수 있습니까?

◯ 중요하다고 생각되는 용어를 찾아 정리해 봅시다.

☐ _____ : _____

☐ _____ : _____

☐ _____ : _____

🎧 강의를 들으며 빈칸을 채워 봅시다.
14-3

1. 최근 조직들이 어떤 환경에서 (   )하는가, 또 환경이 어떻게
   (   )하고 있는가, 이런 주제로 이야기를 할 것이다.

2. 오늘날은 과거에 비해서도 굉장히 변화 속도가 빠르기 때문에 조직들이 그
   러한 변화하는 환경에 빠르게 (   )하고 또 앞의 미래의 시장을
   (   )해야 하는 이러한 것들이 요구가 되고 있다.

3. 첫 번째는 국제화다…. 그래서 많은 기업들이 해외로 (   )하기도
   하고 (   )하기도 하고 또 해외의 기업과 (   )을 하
   기도 하는 그런 현상들이 많이 볼 수가 있다.

4. 두 번째는 다양성이다…. 기업의 (   )들도 굉장히 다양해지고 있고, 또
   한 조직이 자신들의 (   )를 판매해야 하는 그런 (   )
   들도 굉장히 다양해지고 있다.

5. 세 번째는 기술 발전이다. 기술이 굉장히 빠르게 발전하고 있기 때문
   에 (   )을 어떻게 (   )하고 습득한 기술을 통해서 어떻게
   (   )을 높일 수 있는가가 굉장히 중요한 문제로 대두되고 있다.

6. 네 번째로는 윤리이다. 윤리적인 지도자, 정치적인 지도자뿐만이 아니라 윤
   리적인 조직의, (   )에 대한 (   )가 굉장히 높아지고 있기 때문에
   이러한 것도 변화하는 (   )에 굉장히 중요한 요인이라고 할 수가 있다.

7. 조직이 속한 환경이 변함에 따라서 (   ) 간에 고용 관계에서도

(   )가 나타나는 그러한 현상을 우리가 볼 수가 있다.

8. 조직이 다른 조직과 경쟁을 함에 있어서 국내에 있는 다른 (   )들과
   경쟁을 할 뿐만 아니라 또 해외 시장에 있는, 해외에 있는 (   )와도
   경쟁을 하게 된다. 또한 뿐만 아니라 조직이 (   )을 함에 있어서
   (   )도 굉장히 다양하게 이루어지고 있는데 해외에 있는 조직과⋯ 해
   외에 있는 (   )하기도 하고 해외에 있는 (   )되기도 한다.

9. 커뮤니케이션⋯ 우리가 (   ), 혹은 해외에 있는 동료들과
   아주 손쉽게 이야기를 할 수가 있다. 다양한 컨퍼런스콜(conference call)이나
   또는 인터넷 기반으로 한 다양한 (   )을 통해서 (
)과도 같은 팀에 속해서도 일을 할 수가 있다.

10. 내수 시장이 (   )되었거나, 또는 (   )이 너무 작아서 기업이
    (   )하는 데 (   )가 있을 경우, 기업들은 해외에 눈을 돌리게 된
    다⋯. (   )을 통해서 기업의 (   )을 높이고 (   )
    하기 위해서 조직들은, 기업들은 해외로 눈을 돌리게 된다.

11. 미국의 (   )들이 일본 자동차, 도요타라든지 혼다, 이런 일본 자동
    차 업계와 (   )을 하면서 많이 어려움을 겪었듯이 (   )이
    굉장히 (   )되었기 때문에 조직들은 국제화 현상에 많이 신경을 쓸 필요
    가 있다.

12. 조직의 (   )들이 다양해지고 있다는 것이다. 그렇게 다양해질 수 있었
    던 것은 아까 (   )와도 관련이 있다. 기술이 발달하고 교통 기술, 혹은
    (   )이 발전하고, 직원들이 쉽게 해외에 있는 조직으로 (   )을
    하기도 하고 또 유학을 가기도 하고 이러한 과정 속에서 (   )가 굉장
    히 다양해지고 있다.

13. 개인을 (   )해서 그 범주 내에 있는 개인들은 모두 같은 태도, 같은 행동을 보일 것이라는 생각을 하게 되는 것이다. 그게 (   )이다. 이러한 고정관념이 있을 때 이 집단은 이 집단에 비해서 우월하다, 또는 열등하다라는 판단까지 내리게 되면 그것을 우리가 (   )이라고 한다.

14. 고정관념과 편견은 (   ) 노력, (   )에 드는 노력, 시간을 줄일 수 있는 장점이 있는 반면 또한 단점도 있다. 단점은 직원 개개인의 (   )과 장점을 보기가 힘들게 되는 것이다.

15. 또한 이러한 (   )을 기반으로 의사결정을 많이 내리다 보면, 자연스럽게 당연하게 바람직한 의사결정보다는 (   )을 내리기도 쉽게 되는 그런 단점이 있는 것이다.

16. 기술은 (   )의 합이라고 할 수가 있다. 그래서 내가 알고 있는 혹은 (   )과 그 지식을 활용할 수 있는 도구. 그것은 (   ) 도구도 될 수 있다. 또한 그 지식은 도구를 통해서 어떤 제품을 만들어낼 수 있는 (   ), 이런 것의 총합이 기술이라고 할 수 있다.

17. 새로운 기술이 무엇이 있는지 끊임없이 (   )을 해야 하고 새로운 기술을 어떻게 (   )할 것인가. 새로운 기술을 통해서 우리 기존의 프로세스(process), (   )를 어떻게 (   )시킬 것인가. 어떻게 (   )시킬 것인가에 대한 고민을 끊임없이 해야 할 필요가 있다.

18. 윤리라는 것은 (   )을 규정하는 (   )이다. 우리가 그 조직의 지도자들, (   ) 혹은 정치적인 지도자들. 이러한 지도자나 리더를 대함에 있어서 굉장히 (   )할 것을 우리가 기대를 하게 된다. 또한 조직 내 조직원, 근로자 개개인뿐만 아니라 조직 전체, 집단으로서도

윤리적인 (   )을 펼치고 윤리적인 (   )을 펼치고 윤리적인 (   )을 할 것을 우리가 기대를 하게 된다. (   )이라는 것은 이렇듯 조직의 경영 관련 의사결정 과정에서 (   )을 고려하여 단기적인 이익뿐만이 아니라 (   )을 도모하는 그러한 (   )이다.

19. 장기적으로 봤을 때 좀 더 (   )이 되고 그 조직원들이 좀 더 (   ) 기업이 됨으로써 지속 가능한 발전을 꾀할 수 있다.

20. 지식 근로자들은 자신이 알고 있는 (   ), 자신이 소유하고 있는 (   )을 바탕으로 (   )에 기여를 하고 있는 근로자이다.

21. 지식 근로자들은 자신들이 알고 있는 (   )이 (   )의 원천이기 때문에 지속적으로 기술과 지식을 (   )해야 한다.

22. 오늘날 (   )과 더불어서 프리 에이전트(free agent)들이 증가를 하고 있다. 이 프리 에이전트들은 (   )에 속해서 일을 하기보다는 자신이 가진, (   )를 기반으로 (   )에서 다양한 활동을 하는 사람들이다.

23. 새로운 고용 관계에 있어서 (   )이 점점 많아지고 있다. 아웃소싱은 회사가 과거에 했던 일들의 일부를 다른 회사에 (   ) 것이다.

24. 비정규직 근로자가 많이 늘어나고 있다. 임시직, 계약직, 시간제, 비상근… 정규직으로 (   )를 하는 근로자가 아니라 단기적으로 (   )를 주기적으로 다시 업데이트 하면서 근무를 하는 근로자들이라고 할 수 있다.

25. 비정규직 근로자들에게 어떻게 (   )을 제공해 주면서 또한 (   )도 늘리지 않을까에 대한 많은 고민을 하고 있는 상황이다.

🖥️ 강의 동영상을 보면서 필기를 해 봅시다.
14-4

[20   년   월   일]

제목: _____

1. 조직 환경의 변화: 과거보다 _____가 빠름

   → 조직들이 _____해야 함

   1) _____

   – 기업이 _____, 해외의 기업

      과 _____함

   2) _____(diversity)

   – 기업의 _____, 조직이 _____를 판매해야

      하는 고객도 다양해짐

   3) _____

   – 새로운 기술을 _____

      _____는 것이 중요한 문제로 대두됨

   4) _____

   – 기업의 지도자에게도 _____가 높아지고 있음

   5) _____

   – 조직과 조직원 간 _____가 나타남

2. 경영 환경의 변화 1: 국제화

   1) 국제화로 인한 현상

   – 조직이 해외 업체와 _____하고, 해외 조직을 _____하거나 _____

      _____되기도 함

- 조직의 제품이나 서비스를 _____

_____

⇒ 통합된 하나의 _____로의 변화

2) 국제화가 대두된 요인

- 커뮤니케이션 및 _____의 발달: 컨퍼런스 콜(conference call)이나

_____을 통해 해외에 있는 _____

_____

_____

- _____을 통한 기업 성장: _____

_____

- _____을 통한 효율성 증대: _____

_____

예) 미국의 자동차 업계

- _____: _____

_____ 때문에 많은 기업이 국제화에 대해

많은 자원을 투자하고 고민을 함

3. 경영 환경의 변화 2: _____

1) _____와 관련이 있음

2) _____, _____하고 직원들이 해외 조직으로 _____

_____ 과정 속에 _____

3) 다양성을 논할 때 _____을 염두에 두어야 함. 즉,

_____

_____

_____

- 고정관념: _____

_____

- _____ : 고정관념이 있을 때 이 집단은 이 집단에 비해서 _____
  _____ 을 내리는 것
  예) 여자/남자 관리자, 나이가 많은/어린 리더, 유럽/미국에서 온 직
      원 등
- 의사결정을 할 때, 고정관념과 편견의 장점과 단점

장점	단점

- 자기충족적 예언: _____
  _____

  예) 종로구 출신 학생들이 똑똑하다라는 고정관념이 있을 때,
      '종로구 출신 직원은 똑똑할 것이다' 생각하고 _____
      _____
      _____
      _____
      _____

  ⇒ 다양한 노동인구, 직원을 대할 때 조심해야 함

4. 경영 환경의 변화 3: _____
   1) 기술: _____ 의 합
          다시 말해 조직이 알고 있는 _____, 그 _____
          그리고 도구를 통해 _____ 의 합

2) 기술 변화는 더 나은 제품, 더 나은 방법으로 생산하기 위한 요인

3) 새로운 기술을 _____

_____에 대한 끊임없는 고민이

필요함

5. 경영 환경의 변화 4: 윤리

1) 윤리의 의미: _____

2) _____가 윤리적으로 행동할 것을 기대함

3) _____가 _____을 펼치고 윤리

적 행동을 할 것을 기대함

4) 윤리 경영의 의미: _____

_____

경영 방법

5) 윤리 경영의 효과: 장기적으로 _____

_____

6. 경영 환경의 변화 5: _____

1) 현상: _____

2) 지식 근로자

- 의미: _____을 바탕으로

_____하는 근로자

- 특징: _____에서 컴퓨터 프로그래머, 엔지니어, 디자이너 등

은 특별한 _____(package)를 제공받음

- 지식 근로자는 자신의 지식과 기술이 _____이므로 이를

개발해야 하므로 회사에서 _____ 등을 제공할 필요가 있음

3) 프리에이전트(free agent)의 증가

- _____를 기반으로 _____

사람들

- _____에 _____이 돼서 조직을 위해 _____하기

  보다는 자신의 몸값을 높이면서 _____을 키워나가는 근로자들

4) 아웃소싱(outsourcing)

  - _____

    예) _____

    _____

5) _____의 증가

 - 임시직, 계약직, 시간제, 비상근 등 _____가

  아니라 _____으로 계약서를 _____(update)하면서

  근무하는 근로자들

 - 조직에서는 비정규직 근로자에게 _____, _____

  _____는 방안에 대해 고민함

❶ 다음은 '경영 환경의 변화'에 대한 슬라이드입니다. 슬라이드를 완성한 후 그 내용을 발표해 봅시다.

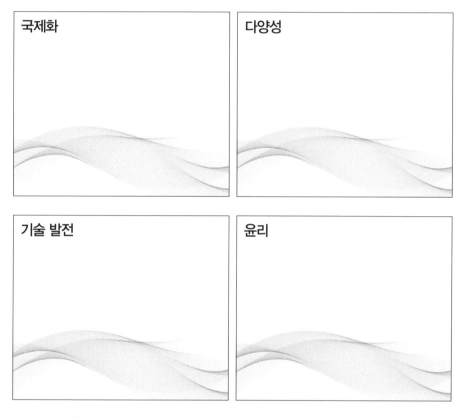

국제화

다양성

기술 발전

윤리

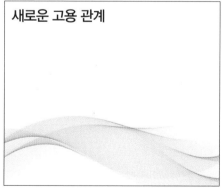

새로운 고용 관계

❷ 다음은 시험 문제입니다.

<table>
<tr><td colspan="2">20   학년도 제   학기</td><td colspan="5" style="text-align:center">## 시험답안지</td></tr>
</table>

과목명		학위과정	학사/석사/박사/석·박사 통합	담당교수명	

대학 학부(과) 학년	학번 번	성 명		검 인	

변화하는 조직 환경에 적응하기 위해서 기업들이 알아야 할
5가지 경영 환경의 변화에 대해 서술하시오.

성적

생각 열기

▣ 다음 그림들을 보면서 이야기해 봅시다.

다이아몬드는 없어도 살 수 있지만 공기는 없으면 살 수 없잖아. 공기가 더 중요한데도 왜 다이아몬드값이 더 비쌀까?

초콜릿을 1개 먹을 때와 5개 먹을 때 어떤 게 기분이 좋을까?

VS

사람들이 먹고 싶은 만큼 실컷 먹는데도 뷔페는 왜 망하지 않을까?

시험까지 이제 하루 남았어. A라는 과목에 1시간 더 투자했을 때 20점 정도 올라갈 것 같고, B라는 과목에 1시간 더 투자했을 때 3점 정도 올라갈 것 같아. 어떤 과목을 공부해야 할까?

◇◇◇◇◇◇◇◇◇◇◇◇◇◇◇◇◇◇◇◇◇ **준비하기** ◇◇◇◇◇◇◇◇◇◇◇◇◇◇◇◇◇◇◇◇◇

☐ 다음은 오늘 강의와 관련된 부분의 교재를 읽고 그 내용을 읽고 정리한 것입니다.
   읽고 질문에 답해 봅시다.

소비자 이론: 소비자의 행동을 분석하고, 이를 통해 수요 법칙을 설명하는 이론. 소비자의 행동이 합리적이라는 가정을 하고, 예산 제약을 통해 수요 법칙을 규명함

- 기수적 효용 이론(한계 효용 이론)

- 서수적 효용 이론(무차별 곡선 이론)

> **효용(Utility):** 소비를 통해 얻는 만족. (예) 목마를 때 콜라가 주는 행복이나 만족감
>
> **기수적 효용과 서수적 효용**
>
> 　서수적 효용: 효용의 크기가 순서를 의미함
>
> 　기수적 효용: 효용의 값이 의미를 가짐
>
> 　(예) 물의 효용 100, 콜라의 효용 200일 때,
>
> 　- 서수적 효용에서는 콜라의 효용이 물의 효용보다 크다는 사실만 중요함
>
> 　- 기수적 효용에서는 콜라의 효용이 물의 효용보다 2배 크다는 것이 중요함

---

1. 한계 효용 이론: 효용을 통해 소비자의 행동을 체계적으로 설명하고자 한 이론

　1) 한계 효용 이론의 가정

　　① 소비자는 합리적인 경제 주체이다.

　　② 기수적 효용을 따른다.

　　③ 화폐의 한계 효용이 일정하다.

　　④ 한계 효용 체감의 법칙을 가정한다.

> **총효용과 한계 효용**
>
> **총효용(Total Utility, TU):** 주관적인 만족의 총량
>
> **한계 효용(Marginal Utility, MU):** 재화 1단위 추가 소비에 따른 만족의 증가분

2) 총효용과 한계 효용의 관계

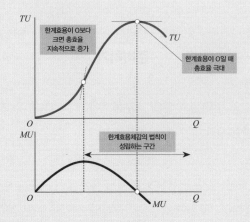

① 한계 효용의 합은 총효용과 같다.

② 한계 효용이 0보다 클 때 총효용은 증가한다.

③ 한계 효용이 0일 때 총효용은 극대가 된다.

④ 한계 효용이 0보다 작으면 총효용은 감소한다.

(예) 콜라 첫 잔의 효용은 10이다. 콜라 두 번째 잔이 주는 효용은 12이다. 이때 한계 효용은 12고 총효용은 22이다. 콜라 세 번째 잔이 주는 효용은 8이다. 이때 한계 효용은 8이고 총효용은 30이다. 한 재화의 소비량이 일정 단위를 넘어서면, 소비량이 증가할수록 그 재화의 한계 효용이 지속적으로 감소한다.

1. '효용'이란 무엇입니까?

2. '총효용'과 '한계 효용'이란 무엇입니까?

3. 한계 효용이 0보다 작으면 총효용은 어떻게 됩니까?

4. 한계 효용 체감의 법칙은 무엇입니까?

○ 중요하다고 생각되는 용어를 찾아 정리해 봅시다.

☐ _____ : _____

☐ _____ : _____

강의를 들으며 빈칸을 채워 봅시다.

1. 경제학이 담고 있는 내용을 일목요연하게 하나의 (   )으로 표현할 수 있다. 그 그림이 (   )이다.

2. 경제 순환도에는 두 개의 (   )가 먼저 나온다. 그 두 개의 경제 주체 범주는 하나는 (   )이고, 그리고 또는 개인의 총합인 (   ). 그래서 개인 또는 개인의 총합인 가계와 그리고 (   )이다. 그래서 개인과 기업, 또는 가계와 기업 이렇게 두 개의 경제 주체 범주가 있다.

3. 이 각 개인 또는 가계는 (   ) 시장 또는 (   ) 시장에서 상품을 소비하고… 상품을 (   )하고 상품 소비의 (   )를 지불하는데 이때 각 개인 또는 가계가 소비하는 (   ), 생산물은 기업이 만들어 낸다. 기업이 생산물을 만들어 낼 때 기업은 생산 요소를 (   )하게 된다. 이 생산 요소로는 대표적으로 (   )이 있다. 이렇게 노동, 토지, 자본과 같은 (   )를 고용해서 상품을 만들어 낼 때 기업은 (   )를 지불하게 된다. 이 임금, 지대, 이자는 생산 요소의 (   ), 생산 요소를 소유하고 그리고 제공하는 사람들 입장에서는 (   )이다.

4. 이 경제 순환도에는 (   ), 그리고 물질의 반대 방향으로 가는 (   )이 나타나고 있는데 이러한 물질의 흐름과 화폐의 흐름이 제대로 이루어지려면 하나의 (   )을 하는 무언가가 필요하다. 그 신호등 역할을 하는 무언가가 바로 (   )이다.

5. 이 '가격을 근본적으로 결정짓는 (   )가 무엇일까?' 하는 것이 (   )이다. … 경제학은 사실은 다양한 (   )라고 볼 수 있다.

6. 기수적 효용 이론은 근본적으로 가치를 결정짓는 것은 (   )이라는 것
이다. 효용이라는 것은 우리가 (   )할 때 느끼게 되는 (   )를
이야기한다. 기수적 효용 이론에 따르면 (   )이다. 기수적이라
는 것은 하나, 둘, 셋 이렇게 (   )로 셀 수 있다는 것이다. 이렇게 우리
가 (   )로부터 느끼는 (   )로 셀 수 있다면 그로부터 2개의
법칙을 (   )할 수가 있는데, 하나의 법칙은 (   )의 법칙이
고 또 하나의 법칙은 (   )의 법칙이다.

7. 한계 효용 체감의 법칙은 '우리가 (   )를 늘려가면 늘려갈수록, 재화
소비를 늘려가면 늘려갈수록 우리가 느끼는 (   )은 점점 (   )할
것이다.' 하는 것이다. (   )은 우리가 소비를 증가시켜 갈 때마다 더 증
가하는 게 자연스럽긴 하지만 이 과정에서 재화 소비를 (   )하는 데
에 따른, 추가적인 (   ), 즉 한계 효용은 점점점 (   )한다.
그래서 이 법칙을 (   )이라고 부르는데 이 한계 효용 체
감의 법칙은 매우 특별한 법칙이라기보다는 우리가 항상 경험하는, 우리가
재화를 소비할 때마다 항상 경험하는 (   )이다.

8. 한계 효용 체감의 법칙에 기반해서 우리가 (   )라면, 합
리적인 소비자라는 건 가성비를 따져서 소비하는, 그래서 우리의 총효용
을 (   )하려는 그러한 소비자라면 따라야 할 소비의 (   )이 있
는데 그 준칙이 … 한계 효용 (   )의 법칙이다. 이에 따르면 우리는
항상 소비를 할 때 재화 소비로부터 얻게 되는 (   )을 그 재화의
(   )으로 나눈 값이 모두 (   ) 소비한다는 것이다. 이렇게 소비
하게 될 때 총효용이 (   )된다는 것이다.

🖥️ 강의 동영상을 보면서 필기를 해 봅시다.
15-2

[20 년 월 일]

1. 경제 순환도
   1) 경제 주체: _____

경제 순환도(Circular Flow Diagram)

   → 경제 순환도는 _____을
      보여줌
   2) _____과 _____, 두 가지가 존재함. 물질의 흐름
      과 화폐의 흐름이 제대로 이루어지기 위해서는 '_____'이 필요함
      – 가격을 근본적으로 결정짓는 요소가 바로 _____임
      → 경제학은 다양한 가치 _____임

2. 가치 이론

1) 기수적 효용 이론

- _____

  └_____

- 효용이 기수적임. 하나, 둘, 셋 이렇게 수치로 셀 수 있음

① 한계 효용 체감의 법칙

- _____
  _____
  _____

② 한계 효용 균등화의 법칙

- _____
  _____
  _____

◇◇◇◇◇◇◇◇◇◇◇◇◇◇◇◇◇◇◇◇◇◇ **준비하기** ◇◇◇◇◇◇◇◇◇◇◇◇◇◇◇◇◇◇◇

◘ 다음은 강의 교재의 일부입니다. 읽고 질문에 답해 봅시다.

1. 시장의 형태와 기업의 행동 원리

1.1 시장의 형태

　시장(market)이란 재화와 서비스에 대한 수요와 공급의 정보가 교환되고 가격이 형성되면서 거래가 이루어지는 추상적인 메커니즘이라고 할 수 있다. 이 세상에 존재하는 시장은 무수히 많으며, 제 각기 다른 형태를 보이고 있다. 예를 들어 수돗물이나 전기가 거래되는 시장처럼 거의 독점 생산하는 것이 있는가 하면, 농산물처럼 공급자 사이의 경쟁이 무척 치열한 경우도 있다. 또한 구조적으로는 비슷한 형태의 시장이라 해도 그 속에서 이루어지는 경쟁의 구체적 형태는 매우 다른 경우가 많다.

　시장의 형태는 시장에 참여하는 기업의 수, 진입 장벽이 있느냐 없느냐에 따라 가격 지배력의 여부, 재화의 동질성 등에 따라 다음과 같이 시장 형태를 분류한다.

- 완전 경쟁(perfect competition)
- 독점(monopoly)
- 과점(oligopoly)
- 독점적 경쟁(monopolistic competition)

　이 네 가지 시장 형태 중 가장 이상적이라고 할 수 있는 시장은 완전 경쟁이다. 따라서 완전 경쟁 시장은 다른 형태의 시장을 평가하는 하나의 기준이 된다.

1.2 시장 형태의 특성

　상품을 생산하는 기업의 숫자는 시장 형태를 구분하는 가장 중요한 기준이 된다. 완전 경쟁 시장에서는 다수의 공급자가 존재하며 반대로 독점 시장에서는 하나의 공급자만 존재한다. 과점 시장을 소수의 기업이 상품을 공급한다는 점이 완전 경쟁 시장과 독점 시장의 중간에 위치한다고 말할 수 있다. 독점적 경쟁 시장의 경우 공급자의 숫자가 많다는 점에서는 완전 경쟁 시장과 비슷한데 다른 측면에서의 차이 때문에 서로 다른 형태의 시장이 된다.

1.2.1 상품의 공급자 수의 차이

공급자와 수요자가 많으면 그 시장은 경쟁적이 되고 적으면 비경쟁적이 된다. 경쟁적 시장에서는 판매자와 구매자는 시장 가격을 주어진 조건으로 받아들이는 가격 순응자(price taker)로 행동할 것이며, 비경쟁적 시장 즉 불완전 경쟁 시장에서는 판매자와 구매자는 가격 설정자(price setter)로서 행동할 것이다.

1.2.2 제품의 유사성 또는 동질성

제품이 동질적이거나 유사성이 크면, 그 제품은 소비에서 상당히 높은 대체성이 있게 된다. 따라서 이 경우는 시장이 경쟁적으로 된다. 그러나 유사성과 동질성이 없는 제품의 시장은 비경쟁적이 되며 독점력을 행사하기 쉽다.

1.2.3 기업의 시장 진입(entry)과 퇴출(exit)이 자유로움

진입과 퇴출이 자유로운 경우는 보통 경쟁적 시장에서 일어난다. 그러나 자동차 같은 제품은 기존 기업의 장벽이 있기 때문에 새로운 기업의 진입이 어렵다고 말할 수 있다. 새로운 기업의 진입이 어려운 산업은 불완전 경쟁 상태가 되어서 다른 산업에서 얻고 있는 평균 이윤을 이상의 이윤 즉 초과 이윤이 발생할 여지가 있다.

1.2.4 가격과 판매량에 대한 기업의 행동

기업의 행동이 독자적으로 가격과 판매를 결정하느냐, 그렇지 않으면 조합이나 협회 등에 가입하여 통일된 단체 행동으로 생산과 가격을 결정하느냐에 따라 제품의 시장 독점력은 달라진다. 다시 말하면, 공급자가 단체 행동을 보일 때는 수요자에게 보다 큰 영향력을 행사하면서 독점 기업과 유사한 초과 이윤을 얻기가 용이하다.

1.3 기업의 이윤 극대화 조건

대부분의 기업이 추구하는 목표는 이윤 극대화에 있으며, 기업의 모든 의사결정은 이윤 극대화의 관점에서 우선적으로 이루어진다. 그러므로 기업은 판매에서 총수입(total revenue: TR)에서 생산 요소 구입에 지출된 총비용(total cost: TC)을 뺀 나머지인 총이윤(total profit: π)를 극대화하는 것이다. 이를 수식으로 표시하면 다음과 같다.

$$\pi = TR - TC$$

개별 기업은 이윤(π)을 극대화하기 위해서는 한계 수입(marginal revenue: MR)과 한계 비용(marginal cost: MC)이 같게 생산할 때 이루어진다. 따라서 MR〉MC면 생산량을 늘리고, MR〈MC면 생산량을 줄여서 MR=MC이 되게 생산하면 이윤이 극대화된다. 또한 MR=MC가 이윤극대화의 필요조건이다.

－기성래 외(2011). 『경제학개론』. 미래교육기획, pp.148-151.

1. 시장이란 무엇입니까?

2. 시장을 분류하는 기준은 무엇입니까?

3. 그러한 기준에 따라 시장은 몇 가지로 나눌 수 있습니까?

4. 대부분의 기업이 추구하는 목표는 무엇입니까?

◉ 중요하다고 생각되는 용어를 찾아 정리해 봅시다.

☐ _____ : _____
☐ _____ : _____
☐ _____ : _____

🎧 강의를 들으며 빈칸을 채워 봅시다.
15-3

1. 공급 측면에서 우리는 4가지 시장을 살펴볼 것이다. 이 4가지 시장은 시장
   에 (   )가 몇이나 존재하는지, 하나가 존재하는지, 여럿이 존재하는
   지, 매우 많이 존재하는지, 아니면 무수히 많이 존재하는지에 따라서. 그리
   고 기업이 생산하고 제공하는 (   )이 또는 (   )이 다른 기업과
   (   )인 것인지 아니면 (   )인 것인지에 따라서 구분을 한다.

2. 경쟁 시장은 어떠한 경우에 성립하는가? 일단 판매자와 구매자가 (
)하는 시장이다. 이 시장에서 각 기업이 만들어 내는 상품,
   (   )이다. (   )가 없다고 할 수 있다.

3. 이렇게 경쟁 시장으로 계속 유지가 되려면 시장에 (   )할 수 있
   어야 되고, 동시에 시장에서 (   ) 수 있어야 된다. 그래서 시장
   (   )가 보장이 되는 시장이다.

4. 이 시장(   )에서는 (   )해야 되고, 또는 게임 이론
   (Game theory)에서 용어를 쓴다면 정보의 (   )이 존재해야 한다.

5. 이러한 조건이 작동하는 시장에서는 개별 공급자, 또 개별 수요자는 (   )
   에 영향을 (   ) 못한다. 이렇게 시장 가격에 영향을 미치지 못하니 모든
   시장 참여자들은 이 시장에서 가격 (   )로 행동을 하게 된다…. 이렇게
   가격 수용자로 행동하게 될 때 가격은 (   )과 같게 된다…. 그런데
   모든 기업은 경제학에서 (   )을 극대화한다라고 가정된다. 만약에 어
   떠한 기업이든 이윤을 (   )한다면 시장 구조와 관계없이 (   )과
   (   )이 같아야 한다. 그래서 경쟁 시장의 조건에서 가격(p)과

MR ( )은 같아야 하고, 그런데 이윤을 극대화하려면 한계 수입하고 한계 비용이 같아야 하니 결국 ( )하고 ( )이 같게 된다…. 그래서 경쟁 시장의 특징으로 한계 비용이 ( ) 짓는 시장이다…. 소비자 입장에서 '아, 이것은 ( )하다.'라고 느끼게 된다. 그래서 한계 비용과 가격이 같은 우리가 생각할 때 바람직한 ( ) 시장이 경쟁 시장이다.

6. 한 시장에 기업이 ( )만 있을 수도 있다. 이런 경우를 ( )이라고 하는데 독점이 발생하는 ( )는 한 기업이 … ( )와 ( )을 독점하고 있을 때, 또 기술적으로 ( )이 있을 때, 또 ( )가 있을 때, 그래서 ( )를 경험하고 있고, 그래서 ( )이 있을 때, 특허권, 저작권, ( )을 가지고 있을 때, 정부의 ( ) 에 따라서 독점 ( )을 가지고 있을 때 독점이 발생한다.

7. 독점 기업의 경우는 ( )과 달리 가격 수용자가 아니고 ( ) 이다. 가격 설정자로서의 독점 기업은 우하향하는 곡선에 직면하게 되는데 이러한 기업의 가격은 ( )보다 더 ( ) 수준에서 결정된다…. 그럼에도 불구하고 독점 기업도 한계 수입과 한계 비용을 ( )시켜야만 이윤이 극대화되기 때문에… 독점 시장에서는 가격이 ( )보다 더 ( ) 결정이 된다. 가격이 한계 비용보다 더 높으니 소비자는… '아, 불공정하다.', '너무 많은 돈을 낸다.'고 느끼게 된다. 더불어서 독점 시장에서는 경쟁 시장에 비해서 가격은 ( ) 산출량은 작으니 ( )인 그런 시장이 된다.

8. 세 번째 시장 구조가 독점적 경쟁 시장이다. 독점적 경쟁 시장은 무수히 많지는 않지만 ( ) 판매자와 구매자가 존재하고 그리고 ( ) 가 존재를 해서 각 구매자들이 특정한 브랜드(brand)를 ( )하는 그러한 시장이다. 더불어서 시장 진입과 퇴출의 제약이 ( )한 시장이다.

9. 독점적 경쟁 시장에서 기업들은 제품 차별화에 ( )하기 때문에 그래서 각

소비자들이 특정 브랜드를 선호하기는 하는데, … 이 (   )가 많지 않다…. 그래서 차별화의 정도가 조금밖에 되지 않기 때문에 가급적이면 이 작은 차별화의 정도를 많이 (   )하고 싶어 한다. 그래서 (   ) 를 많이 하는 시장이고 광고를 많이 하긴 하지만 독점적 경쟁 시장의 기업 들은 대부분 (   )들이기 때문에 많은 돈을 쓰지 못하고 (   ) 에 의존해서 광고를 한다. 더불어서 제품 차별화의 정도가 많지 않기 때문에 가격을 심하게 올리지 못한다. 그래서 가격이 굉장히 (   )인 시장이다.

10. 이 독점적 경쟁 시장이 좋은 점이 있는데 독점적 경쟁 시장은 소비자들의 다 양한 (   )의 니치마켓(niche market)을 (   )하는 그러한 (   )이 있다.

11. 독점적 경쟁 시장이 직면하는 수요곡선은 (   ) 곡선이 아직 최저점 까지 가기 전에 우하향하는 지점에서 (   )이 이루어지기 때문에 이 기업이 충분히 생산할 수 있는 (   )를 다 쓰지 못하게 되고 그리고 가격 은 (   )보다 더 높은 그래서 가격은 (   ) 그리고 (   )가 있는 그런 문제가 있다. 그래서 (   )인 시장이다.

12. 과점 시장은 (   )의 기업이 한 산업에 있는 경우이다…. 과점 시장 이 발생하는 것은 '무언가 (   )이 존재한다.' '이미 존재하고 있는 기 업들에 대해서 소비자들이 (   )한다.' 또는 '(   )를 갖고 있다.' 또는 '(   )인 정보와 기술을 갖고 있다.' 이런 경우에 발생하게 되는 데 이 과점 시장의 기업들은 전부 다 일정 정도의 (   )이 있는 기 업들이기 때문에 함부로 (   )을 하지 못한다. 그래서 종종 나타나는 것이 (   )이고, 공동 행위의 대표적인 행위가 (   )이다. 담합이라 는 것은 얼마의 가격을 (   ) 것인지, 얼마만큼 (   ) 것인지 등에 대 해서 복수의 기업들이 (   )이거나 또는 암시적, 암묵적으로 (   )를 하는 것이다. 이러한 담합의 강력한 형태가 카르텔(cartel)이고 카르텔 용어 는 '구체적으로 얼마만큼 각 기업이 생산할 것인가.'를 할당하는데 … 원칙 은 전체 카르텔의 (   )하는 데 맞춰져 있다.

🖥️ 강의 동영상을 보면서 필기를 해 봅시다.
15-4

[20　년　월　일]

제목: 시장의 유형

　　－시장의 구분 기준: 공급자의 수, 제품의 동질성 여부

1. 경쟁 시장

　1) 개념: _____

　2) 특징

　　① 판매자와 구매자가 _____

　　② 상품이 동질적임 → _____가 없음

　　③ 시장 _____이 보장됨

　　④ 정보가 _____

　　⑤ 개별 수요자와 공급자가 _____

　　　　→ 시장 참여자들은 _____ 하게 됨

　　⑥ 가격 ___ 한계 비용 ___ 한계 수입

　　　　→ 소비자는 _____ 느끼게 됨→ _____ 시장

2. 독점 시장

　1) 개념: _____

　2) 독점 발생 이유

　　① _____ 있을 때

　　② _____ 있을 때

　　③ _____ 있을 때→ _____를 경험 → _____

　　　있을 때

④ _____ 가지고 있을 때

⑤ _____ 가지고 있을 때

3) 특징

① 독점 기업이 _____임

② 가격 ___ 한계 수입 ___ 한계 비용

　→ 소비자는 _____ 느끼게 됨

③ 가격은 _____ → _____ 시장

3. 독점적 경쟁 시장

1) 개념: _____

　_____

2) 특징

① _____가 존재함

② _____가 존재함 → 구매자들이 _____

　_____함

③ _____이 부재함

④ 제품 차별화의 정도가 많지 않아 _____ 싶어

　함→ _____

⑤ 대부분 작은 기업들임 → _____해서 광고함

⑥ 제품 차별화가 많지 않아 가격을 _____

　→ 가격이 _____

⑦ 소비자들의 _____함

⑧ 수요 곡선이 평균 비용 곡선이 최저점까지 가기 전에 장기 균형

　이 이루어지기 때문에 기업이 생산 설비를 다 쓰지 못함 → 가격

　은 _____ → _____ 시장

　가격 > 한계 비용 = 한계 수입

4. 과점 시장

  1) 개념: _____

  2) 과점 시장의 발생 이유

    ① _____

    ② 소비자들이 _____함

    ③ _____

    ④ _____

  3) 특징

    ① 기업들이 _____ → 함부로 _____

      _____

    ② 출혈 경쟁을 하지 못하므로 _____

      – 담합: _____

      _____

      – 카르텔: _____

＊ 시장의 차이

	경쟁 시장	독점 시장	독점적 경쟁 시장	과점 시장
공급자 수	무수히 많음	1개		
제품 차별화	없음			

❶ 다음은 '미시 경제학'에 대한 슬라이드입니다. 슬라이드를 완성한 후 그 내용을 발표해 봅시다.

> **도움말**
>
> 먼저 각 시장을 비교할 수 있는 기준을 설정한다. 그리고 그 기준을 중심으로 공통점과 차이점을 분석하면 각 시장의 개념과 특징을 설명할 수 있다.

시장의 유형과 특징

기준＼시장	경쟁 시장	독점 시장	독점적 경쟁 시장	과점 시장
공급자 수	무수히 많음	1개		
제품 차별화	없음			

❷ 다음은 시험 문제입니다.

		시험답안지

20　　학년도 제　　학기

과목명		학위과정	학사/석사/박사/석·박사 통합	담당교수명	

대학　　학부(과)　　학년	학번　　　번	성명	검인	

시장을 구분하는 기준을 제시하고, 4가지 시장의 차이를 비교해 설명하시오.	성적

제16과 거시 경제학

생각 열기

▣ 거시 경제학은 국가적 수준에서 경제 문제를 다룹니다.
다음 대화는 어떤 이슈들과 관련이 있는지 이야기해 봅시다.

◇◇◇◇◇◇◇◇◇◇◇◇◇◇◇◇◇◇◇◇◇◇◇ **준비하기** ◇◇◇◇◇◇◇◇◇◇◇◇◇◇◇◇◇◇◇◇◇◇◇

◘ 다음은 강의 교재의 일부입니다. 읽고 질문에 답해 봅시다.

거시 경제학이란?

거시 경제학(Macroeconomics)은 경제 전체를 대상으로 하여 다음의 주요 이슈들에 대한 설명을 제공하고자 하는 학문 분야

- 불황은 왜 발생하며 이 경우 정부의 역할은 무엇인가?

- 경제 성장의 원동력은 무엇이며 국가 간 지속적인 소득의 차이는 왜 발생하는가?

- 정부 재정 적자는 무엇이며 이는 가계와 기업에 어떠한 영향을 미치는가?

거시 경제학의 주요 이슈

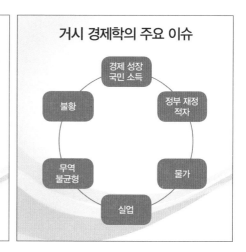

1. 경제학은 무엇을 연구하는 학문입니까?

2. 경제학에서 '최적의 선택'을 강조하는 이유는 무엇입니까?

3. 거시 경제학에서 다루는 주요 이슈는 무엇입니까?

🎧 강의를 들으며 빈칸을 채워 봅시다.
16-1

1. 경제학은… (   ), 그리고 (   ), 그리고 (   ), 그리고 해외
   부분들의 (   )들이 우리가 (   )을 하는 그런, 어떠한 선택을 하
   고 그 선택이 과연 우리 사회에 어떠한 (   )를 우리가
   연구하는 (   )이다.

2. 선택이란 문제는 우리가 사용하는 (   ), 즉 (   ) 등
   여러 가지 (   ) 자원들이 제한돼 있기 때문에 (   )을 해야
   한다.

3. 세계 경제적으로 굉장히 (   )이 심한데 이러한 불황은 왜 (   )하
   고 이 경우에 (   )은 과연 어떠해야 되는가? 이것이 (   )
   에 있어서 최근에 가장 중요한 (   )라고 볼 수 있다.

4. 두 번째, (   )은 무엇이며 국가 간 지속적인 (   )
   는 왜 발생하는가? … 삶의 질의 지속적인 증가를 우리가 (   )이라
   고 하는데, 자 그렇다면 경제 성장은 왜 발생하게 되는 거며 우리가 지속적
   인 경제 성장을 위해서는 우리가 어떻게 해야 되는 것인지, … 그러면 이런
   국가 간 지속적인 소득의 차이 또는 (   )는 왜 발생하게 되고,
   왜 소득이 적은 나라는 (   )를 따라가지 못하는지, 거기에 대
   해서 (   )에서는 굉장히 많은 중요한 접근 방법을 통해서 그 이유
   를 설명하고자 한다.

5. 다음으로 (   )는 무엇이며 이는 (   )에 어떠한 영향
   을 미치는가? … 정부의 (   )를 통해서 어떠한 (   )한다든

지 어떤 (   )를 한다든지, 그런 여러 가지 거시 경제학적인 정책을 하게 되는데 그런 것이 (   )이 과연 가계와 그리고 기업의 (   )에 어떠한 영향을 미치는가에 대해서 거시 경제학에서는 공부를 한다.

6. 매일매일 생활을 통해서 여러분들이 물건을 구매하시고, 그 다음에 그 서비스에 대한 관련 (   )을 하는데 모든 것이 우리가 (   )에 의해서 우리가 측정을 하게 되는 것이다. (   ), general price level 이라고 한다. 이러한 (   ), … 물가가 지속적으로 오르는 (   )이 있는지 그리고 (   )에 따라서 물가는 왜 (   )하는 지, 거기에 대해서 거시 경제학은 공부를 하게 된다.

7. (   ) 은 왜 발생하고 그리고 단기적으로 실업은 왜 (   ) 그리고 또한 장기적으로 (   )하는 이유는 무엇일까요 하는 질문에 대해 대답을 해 보려 한다.

8. 거시 경제학의 (   ) 중에 하나는 (   )은 왜 발생하게 되고, 어떤 특정 국가의 (   )는 그 나라의 (   )에 과연 어떠한 영향을 미치게 되는가이다.

🖥 강의 동영상을 보면서 필기를 해 봅시다.
16-2

[20　년　월　일]

제목: _____

1. 경제학의 정의
　– _____(가계, 기업, 정부, 해외 부문)_____
　　_____
　– 선택의 문제가 발생되는 원인은 _____
　　_____ 때문
　→ _____
　　_____를 공부하는 학문

2. 거시 경제학(macroeconomics)의 정의와 주요 이슈
　– _____하고자 하는
　　학문 분야
　– 주요 이슈:
　1) _____
　　: 거시 경제학에 있어서 최근 가장 중요한 이슈
　2) _____
　　: _____를 경제 성장이라고 하며, 경제 성장은
　　왜 _____하게 되며 _____을 위해서는 어떻게 해야
　　하는지에 대해 다룸
　3) _____
　　: 정부의 재정 적자를 통해 _____ 등

여러 거시 경제학적인 정책을 하게 됨

→ 정부의 정책이 _____

_____

4) _____

: 전반적인 가격 수준, _____인 물가는

무엇인가

: 일반적으로 왜 물가는 _____ 경향이 있는가

: _____에 따라서 물가는 왜 _____하는가에 대해서 다룸

5) _____

: 최근 중요한 이슈임

: 실업은 왜 ____하고, 단기적으로 _____ 장기적으로

_____하는 이유는 무엇인가에 대해 다룸

6) _____

_____

_____

◇◇◇◇◇◇◇◇◇◇◇◇◇◇◇◇◇◇◇◇◇ **준비하기** ◇◇◇◇◇◇◇◇◇◇◇◇◇◇◇◇◇◇◇◇◇

◘ 다음은 강의 교재의 일부입니다. 읽고 질문에 답해 봅시다.

1. 거시 경제학(macroeconomics)은 국민 경제 전체에서 발생하는 경제 현상을 분석하는 학문이다. 이는 개별 경제 주체의 행동 원리를 분석하고 개별 재화가 거래되는 시장을 중심으로 일어나는 경제 문제를 분석하는 미시 경제학(microeconomics)과 구별된다. 거시 경제학에서는 주요 거시 경제 변수인 국민 소득, 고용량, 이자율, 환율, 인플레이션, 국제수지 등이 어떠한 원리로 결정되고 상호 간에는 어떠한 관련이 있는지를 연구한다.

2. 경제학은 과학적인 접근 방법에 따라 모형을 설정하고 이를 통해 복잡한 현상들의 본질에 접근하고자 한다. 경제학에서 사용하는 모형은 흔히 수식이나 그래프의 형태로 표현하는데 이는 주요 변수들 간의 관계를 간단히 보이기 위함이다. 경제 모형의 변수들은 분석하고자 하는 모형의 밖에서 주어진 외생 변수(exogenous variable)와 모형 안에서 그 값이 결정되는 변수인 내생 변수(endogenous variable)로 구분된다.

3. 좋은 모형이란 무엇보다도 원래 설명하고자 하는 경제 현상을 잘 설명하는 현실 적합성과, 현상의 본질적 원리들만으로 모형을 구성하는 간결성을 갖추어야 한다.

4. 거시 경제학의 큰 두 흐름은 완전 경쟁 시장과 가격의 완전 신축성으로 인하여 항상 균형을 이루게 된다는 고전학파와 가격의 경직성으로 인하여 시장이 균형에 도달하지 못하고 정부의 역할이 중요해질 수 있는 케인즈학파로 나뉜다. 1950년대 이후에는 고전학파와 케인즈학파를 통합하려는 움직임이 시작되었고 1970년대 이후에는 합리적 기대를 도입한 새고전학파와 함께 미시적

기초에 근거한 임금과 가격의 경직성을 동시에 도입한 새케인즈학파의 이론이 등장하였다.

－이종화·신관호(2014), 『거시 경제학』 2판, 박영사, p.17.

1. 거시 경제학과 미시경제학은 어떻게 다릅니까?

2. 경제 모형이란 무엇입니까?

3. 경제 변수에는 어떤 유형이 있습니까?

4. 가격에 대한 가정에 따라 나타나는 경제 모형에는 무엇이 있습니까?

◉ 중요하다고 생각되는 용어를 찾아 정리해 봅시다.

☐ ＿＿＿＿＿＿＿＿ : ＿＿＿＿＿＿＿＿＿＿＿＿＿＿
☐ ＿＿＿＿＿＿＿＿ : ＿＿＿＿＿＿＿＿＿＿＿＿＿＿
☐ ＿＿＿＿＿＿＿＿ : ＿＿＿＿＿＿＿＿＿＿＿＿＿＿

🎧 강의를 들으며 빈칸을 채워 봅시다.
16-3

1. 주요한 (   )들을 우리가 설명하기 위해서… (   )에서는 기본적으로 (   )을 이용하게 된다.

2. 우리가 복잡한 (   )를 어떻게 (   )해서 그래서 저희가 우리가 지금까지 논의했던 (   )들을 설명할 수 있을까? 라고 하는 그러한 의도에서 (   )을 사용을 하게 된다…. 예를 들어 경제 성장을 설명하기 위해서는 어떠한 (   )가 중요한가, 그럼 그러한 (   )들과 (   )이 어떤 (   )가 있는지 경제 모형을 통해서 파악을 하려 한다.

3. 경제 변수에는 크게 두 가지 유형이 있다. 첫 번째는 내생 변수, endogenous variable인데, … 예를 들어 경제 성장과 관련된 우리가 연구를 하려고할 때 그럴 때 경제 모형이 설명하고자 하는 (   )는 (   ) 하는 변수가 되겠다. 그래서 제가 보여 드린 것과 같은 1인당 (   )이 된다. 그래서 이런 것이 (   )가 될 것이다.

4. 경제에 어떤 상황이 발생을 한다. 이 발생하는 상황은 외생 변수의 변화로 파악을 한다. 여기서 (   ), exogenous variable라고 하는 것은 경제 모형 (   )에 미리 정해져 있는 (   ), 일단은 변하지 않는 변수라고 정의를 하겠다.

5. 경제 모형을 이용하여 (   )의 변화가 (   )에 어떠한 영향을 미치는지 설명할 수 있다.

6. 모든 경제 이슈를 설명할 수 있는 (   )이 존재하는 것은 아니다. 따라서 각기 다른 경제 이슈에 (   )한 여러 가지 다른 모형들을 우리가 (   )하게 된다. 즉, 각 모형에서 주의 깊게 파악해야 되는 것은 우리가 공부할 (   )에서 사용된 (   )은 무엇이고 그 가정이 (   )으로 과연 (   )인지를 항상 염두에 두어야 된다. 그리고 각 모형에서 여러분들이 설명하고자 하는 경제 변수, (   )와 그 다음에 모형 (   )에서 미리 정해져 있는 (   )는 무엇이고 그리고 모형이 경제모형이 설명할 수 있는 부분은 어떠한 것이 있는지를 설명한다.

7. 거시 경제학에서 가장 중요한 (   ) 중 하나는 가격이 (   )인지, flexible한지, 아니면 (   )인지, sticky price인지 또는 fixed price인지에 대한 가정이 중요하다…. 이러한 (   )이 경제 모형에서의 어떠한 (   )을 나타내는 데 있어서 굉장히 중요한 (   )한다.

8. 단기, short run에서는 많은 가격들이 (   )돼 있다. 다시 얘기하면 (   )이 변하더라도 우리가 (   )에서는 많은 (   )들이 변하지 않는다. 그래서 (   )으로 인해서 (   )이 일치하지 않게 된다. 그렇게 되면 어떤 결과가 일어날까? 그래서 (   )하거나 아니면 또는 초과 공급이나 (   )가 발생하거나 하게 된다. 그래서 우리가 기업들이 제공하는 생산물이 과대 또는 (   )되는 결과가 초래되는 것이다.

9. long run(장기)에서는 모든 가격들이 (   )이라고 가정한다. 그래서 모든 가격들이 신축적이라면 어떠한 경제의 환경에 변화가 있어도 (   )으로 인해서 시장은 수요량과 공급량이 (   )하는 장기적인 (   )에 있게 된다.

10. 거시 경제학에서는 가격이, (　　　　　) 또는 많은 가격들이 (　　　) 이라면 우리가 이것을 (　　　　　)이라고 (　　　　　)을 하게 되고, 또 많은 가격들이 우리가 (　　　　　)이고 신축적이라면 우리가 경제에서는 (　　　　　)라고 우리가 보통 일컫게 된다…. 가격이 신축적인 (　　　)에 서 어떻게 (　　　)하는지에 대한 (　　　)를 통칭해서 (　　　　　), Classical theory이라고 한다.

11. 두 번째로 우리가 이제 가격이 신축적인 장기보다도 보다 더 긴 시간을 통 해서 우리가 (　　　　　)라고도 보통 얘기한다. 우리가 (　　　　　　) 을 공부하게 된다. 그래서 (　　　　　)이 장기 또는 초장기적으로 어떻게 (　　　　)하며 과연 (　　　　)은 무엇인지를 설명하는 이론을 공부 하게 된다.

12. 경기 변동 이론, Business cycle theory라고 하는데 이 경우에는 우리가 (　　　)으로. 단기적이라고 말하면 우리가 가격이 (　　　　　)이라는 가정 하에서 많은 가격들이 (　　　　　)이나 (　　　　)에 쉽 게 움직이지 않을 때 이런 단기적으로 왜 (　　　　)하게 되고 왜 우리가 어떤 경우에는 활황이 발생하게 되고 그러면 경제가 이런 경직적인 단계에 서는 경제가 어떻게 작동이 되면서 그러면 이 (　　　　)、왜 생활 수준이 장기적으로 적절한 수준보다 높거나 낮은 이런 변동들이 지속되는지, 왜 변 동이 심해지는지를 (　　　　　)을 통해서 공부를 하게 된다. 정부나 중 앙은행들이 어떠한 역할을 해서 (　　　　)을 가장 (　　　)할 수 있는지 에 대해서도 공부한다.

🖥 강의 동영상을 보면서 필기를 해 봅시다.
16-4

[20   년   월   일]

제목: _____

1. 거시 경제학의 주요 목표
    1) _____(economic growth)
    2) _____(price stability)
    3) _____(low unemployment)

2. 경제 모형
    복잡한 경제구조를 _____ 하고, _____
    _____
    _____
    _____

3. 경제 변수

내생 변수(endogenous variable)	외생 변수(exogenous variable)

| → 경제 모형을 이용하여 _____ |
| _____ 설명이 가능 |

4. 다양한 경제 모형의 활용

   - 모든 경제 이슈를 설명할 수 있는 _____

   → 따라서 각기 다른 경제 이슈에 _____한 여러 가지 다른 모형들을 활
     용함

   - 각 모형에서 _____

     _____ 무엇인지 파악해야 함

5. 경제 모형의 주요한 가정: 가격이 경직적인가 vs 신축적인가

경직적(sticky, fixed)	신축적(flexible)

   → _____ 에 따라 거시 경제 정책이 미치는 효과가 매우 다름

6. 거시 경제학에서 배우는 주요 경제 모형

   1) _____(classical theory)

      : _____ 이론

        체계

      : 고전적인 이론을 통해 배우게 되는 경제 모형들에서 다음 내용을
        배움

      (1) 가격이 신축적인 장기에서 _____

          _____

          _____

      (2) _____ 측면에서 총수요는 _____

          _____

          _____

2) _____ (growth theory)

: _____

설명

: 많은 국가들은 왜 여전히 _____, 왜 어떤

국가들은 생활 수준이 높은지 그 생활 수준이 높은 국가와 생활 수

준이 낮은 국가가 왜 _____ 하게 되며, 두 국가 간

격차가 _____ 배움

3) _____ (business cycle theory)

: 가격이 _____ 이라는 가정하에서 _____

_____

_____

_____

_____

❶ 다음은 '거시 경제학'에 대한 슬라이드입니다. 슬라이드를 보고 발표해 봅시다.

경제 모형(Economic models)

경제 모형은 복잡한 실제 경제 구조를 단순화하여 경제학의 주요 이슈를 설명하고자 함

- 합리적인 가정을 사용하여 직접적으로 관련되지 않은 상황을 배재하고,
- 경제 변수 간의 구조적인 관계를 파악하며,
- 경제 변수들의 행태를 설명하고,
- 경제적 성과를 개선하기 위한 정책을 마련함

경제 변수

- 내생 변수 (endogenous variable): 경제 모형이 설명하고자 하는 변수
- 외생 변수 (exogenous variable): 경제 모형 외부에서 미리 정해져 있는 변수
- 따라서 경제 모형을 이용하여 외생 변수의 변화가 내생 변수에 어떠한 영향을 미치는지에 대한 설명을 가능하게 함

〈발표문〉

❷ 다음은 시험 문제입니다.

<table>
<tr><td colspan="3">20   학년도 제   학기</td><td colspan="3" align="center">시험답안지</td></tr>
</table>

과목명		학위과정	학사/석사/박사/석·박사 통합	담당교수명	

대학 학부(과) 학년	학번 번	성명		검인	

거시 경제학에서 배우는 경제 모형을 경제 변수를 사용하여 설명하시오.	성적

■ 다음은 빅데이터 분석 사이트를 통해 검색어 '독감'과 관련 어휘 '기침, 발열, 몸살' 데이터를 비교한 결과입니다.

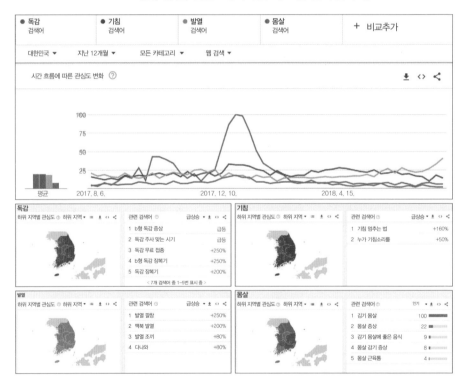

위와 같은 방법으로 빅데이터 분석 사이트를 활용하여 20대가 여름에 많이 먹는 음식을 3가지 이상 검색창에 입력하여 빅데이터를 탐색해 봅시다.

빅데이터 분석 사이트	
네이버 데이터랩	http://datalab.naver.com/
구글 트렌드	http://www.google.com/trends
공공 데이터 포털	http://www.data.go.kr

◇◇◇◇◇◇◇◇◇◇◇◇◇◇◇◇◇◇◇◇◇◇◇ **준비하기** ◇◇◇◇◇◇◇◇◇◇◇◇◇◇◇◇◇◇◇◇◇◇◇

◩ 다음은 강의 자료의 일부입니다. 슬라이드를 보고 질문에 답해 봅시다.

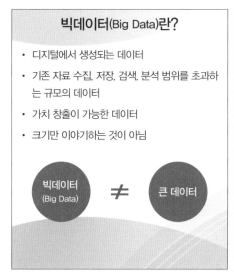

1. 빅데이터를 정의해 보십시오.

2. 빅데이터(Big Data)는 '큰 데이터'와 어떤 차이가 있습니까?

3. 빅데이터의 3가지 요소는 무엇입니까?

4. 빅데이터에서 다루는 데이터의 형태로는 어떤 것들이 있습니까?

◉ 중요하다고 생각되는 용어를 찾아 정리해 봅시다.

☐ _____ : _____
☐ _____ : _____
☐ _____ : _____

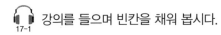 강의를 들으며 빈칸을 채워 봅시다.

1. 빅데이터(Big data)라는 것은 (   )에서 생성되고 있는 수많은 양들의 데이터, 이 데이터들은 다양한 형식으로 만들어지고 있고, 데이터들은 계속 만들어지고 있기 때문에 (   )를 갖게 된다. 그렇기 때문에 기존의 자료 수집, 저장, 검색, 분석 범위를 (   )의 데이터를 나타내는 것이 바로 빅데이터라고 정의할 수 있다.

2. 맥킨지(McKinsey)는 데이터베이스의 (   )에 초점을 맞춘 정의로 일반적인 데이터베이스 소프트웨어가 저장, 관리, 분석할 수 있는 (   ) 하는 규모의 데이터라고 정의했다.

3. 인터내셔널 데이터 코퍼레이션(IDC, International Data Corporation)에서 정의한 빅데이터는 데이터베이스가 아닌 (   )에 초점을 맞춘 정의로서 다양한 종류의 대규모 데이터로부터 저렴한 비용으로 (   )를 추출하고 초고속 (   )을 지원하도록 고안된 (   ) 기술 및 아키텍처(architecture)를 빅데이터라고 정의했다.

4. 빅데이터라는 것은 단순히 크기만 큰 것이냐?… 크기만 이야기 하는 것이 아니라 (   ). 데이터의 크기가 큰 것이 아닌 것을 이해해야 된다…. 또한… 그 처리 (   )에서 어떠한 가치를 찾아낼 수 있는 그런 기술이 (   )될 때 우리는 빅데이터라고 한다.

5. 빅데이터의 3대 (   )에 대해서 말하겠다. 일단 빅데이터에서는 3대 요소의 3V를 얘기하고 있는데, 제일 처음에 볼륨(Volume), (   )을 말하고 있다.

6. 데이터의 (   )가 수십 테라바이트(terabyte)에서 수 페타바이트(petabyte)까지 가는 양을 가질 수 있다. 1페타바이트, 이것은 1024테라바이트에 해당하는 것이고 1테라바이트는 1024의 기가바이트(gigabyte)에 해당한다…. 그렇기 때문에 수 페타바이트의 데이터를 빅데이터는 (   )할 수 있다, (   )할 수 있다, 이렇게 이해하면 된다.

7. 데이터 (   )을 하고 데이터를 (   )한 후에 (   )하는 것들이 거의 (   )으로 처리가 가능해야지 빅데이터의 기본 요소를 갖췄다 이렇게 얘기한다…. 데이터 발생 (   )이 매우 자주 일어나는데 심지어 1초에 수십 건 이상 발생하는 것도 처리할 수 있는 정도여야 한다.

8. 빅데이터에서 다루는 데이터는… 정형화된 데이터가 아니고 (   ) 데이터 Semi-structured Data에 해당하는 HTML, XML같은 마크업(markup)이 있는 메타데이터(Meta Data), 그 다음에 (   ) 데이터… 이러한 모든 데이터들을 포함할 수 있는 (   )을 확보해야 된다.

9. 빅데이터는 다시 정리하게 되면 정해지거나 혹은 정해지지 않은, 이것은 (   )이다. 방대한 정보들을, 이건 (   )가 된다. 실시간으로, (   )에 해당하는 것. (   )하여 활용하는 기술이다 이렇게 정의하면 되겠다.

🖥️ 강의 동영상을 보면서 필기를 해 봅시다.
17-2

[20 년 월 일]

제목: _____

1. 빅데이터의 정의
   1) 디지털에서 생성되고 있는 _____ + _____의 데이터 + _____
      _____
      → _____
         _____

   2) 맥킨지(Mckinsey, McKinsey Global Institute, 2011):
      – _____
      – _____
         _____

   3) 인터내셔널 데이터 코퍼레이션(IDC, International Data Corporation, 2011):
      – _____
         _____

→ 빅데이터란,
   _____
   _____
   _____
   _____

2. 빅데이터의 3대 요소(3V)

  1) _____(Volume): _____

  2) _____(Velocity): _____

  3) _____(Variety):

    – _____(Structured Data): _____

    – _____(Semi-Structured): _____

                                     _____

    – _____(Unstructured Data): _____

    예) 사진, 동영상, 메신저 대화, 스마트폰 위치 정보(GPS),

       통화 내용(사운드)

∴ 빅데이터의 개념:

_____

_____

_____

_____

_____

◇◇◇◇◇◇◇◇◇◇◇◇◇◇◇◇◇◇ **준비하기** ◇◇◇◇◇◇◇◇◇◇◇◇◇◇◇◇◇◇

◘ 다음은 강의 교재의 일부입니다. 읽고 질문에 답해 봅시다.

> 빅데이터 분석은 일반적으로 데이터의 수집(collection), 저장(store), 분석 (analyse), 활용(utilization)의 4단계를 거쳐 이루어진다. 데이터 수집 단계에서는 정형, 반정형, 비정형 등 다양한 유형의 데이터를 수집한다. 데이터 저장 단계에서는 데이터에서 의미 있는 정보를 추출하기 위해 유효한 데이터(valid data)를 식별하여 저장하고 관리한다. 분석 단계에서는 수집하고 저장된 데이터를 분석하는데, 이때 데이터에서 키워드(keyword)를 뽑아낼 수 있는 키워드 추출 작업과, 통계 작업이 필요하다. 데이터를 군집하고 분류하는 그룹핑(grouping)을 할 때, 단순히 결과나 현상에만 국한하지 않고 감성 분석(sentiment analysis)을 함께 실행할 필요가 있다. 감성 분석은 설문 조사 등과 같이 인위적으로 조작된 환경이 아닌 소비자가 자발적으로 표현한 텍스트를 분석하기 위해 사용하는 자연어 처리 기술을 일컫는 말이다. 텍스트에 나타난 사람들의 태도, 의견 등 주관적 데이터를 분석하여, 사람들이 느끼는 좋고 싫음의 표현, 그리고 그 이유를 분석하는 것을 감성 분석이라고 한다. 분석까지 끝낸 활용 단계에서는 데이터를 사용하기 위해서 사람들이 이해하기 쉽도록 결과를 시각화(visualization)하는 것이 중요하다.
>
> 이 모든 단계를 거친다고 해서 빅데이터 분석이 성공하는 것은 아니다. 빅데이터의 성공적인 분석을 위해서는 자원, 인력, 기술 등의 3가지 핵심 전략이 있어야 한다. 첫째, 자원은 분석할 자료, 빅데이터 자체를 의미한다. 둘째, 인력은 데이터를 분석할 수 있는 데이터 분석가(Data Scientist)를 의미한다. 이들은 데이터를 읽어내기 위해 필요한 수학, 공학, 경제학, 통계학, 심리학 등에 대한 지식과 데이터 설계 기법 활용 등에 대한 전문적인 능력을 갖추고 있어야 한다. 여기저기 흩어져 있는 수많은 데이터를 체계화하고 분석하는 것이 이들의 주요한 임무이다. 셋째, 기술은 데이터 자원을 분석할 수 있는 환경, 즉 인프라(infrastructure)를 제공하는

플랫폼(Data Platform)을 의미한다. 즉 대용량 데이터를 수집·분석·가공할 수 있는 모든 기술이 제공되는 환경을 의미한다. 이 세 가지가 유기적으로 원활한 환경을 이룰 때 빅 데이터 분석에 성공할 수 있다.

이 중에서도 인력에 해당하는 데이터 과학자는 빅데이터 분석에서 큰 역할을 하는데 이들의 유형은 크게 농부형, 광부형, 여행가형, 탐험가형으로 나눌 수 있다. 농부형은 무엇을 찾고 있는지 인지하고 데이터를 분석한다. 이 유형은 정기적으로 데이터에 접속해서 예측 가능한 처리를 실행하고, 소규모의 결과물을 획득해 나가는 유형이다. 광부형은 예측을 하는 통계학자적인 측면이 있다. 주장에 대한 가설의 타당성을 입증하기 위해 대량의 데이터를 처리하는 유형이다. 여행가형은 요구사항이 무엇인지 알지 못하는 상태에서, 무작위로 많은 데이터를 조사하면서 모니터링(monitoring)한 데이터를 프로파일링(profiling)하고 그 안에서 가치를 찾아내는 유형이다. 탐험가형은 무엇을 찾는지 알지 못하는 상태로 데이터에 비정기적으로 접속을 하고, 데이터 발생보다는 데이터의 관계성을 검토하며, 탐구와 통계적 분석 툴(tool)을 사용하는 유형이다.

빅데이터를 분석하는 데에는 연관 규칙 학습, 유전 알고리즘, 회귀분석, 유형 분석, 기계 학습, 소셜 네트워크 분석, 감성 분석 등 다양한 기법들이 적용된다. 첫째, 연관 규칙 학습(associate rule learning)은 데이터 사이의 연관성 정도를 측정해서 연관성이 많은 대상들을 그룹화하는 기법이다. 둘째, 유전 알고리즘(genetic algorism)에 의한 분석은 유전자들이 어떻게 변형해서 더 좋은 결과를 생성해 내는지 그 진화 과정을 탐색할 수 있는 기법으로, 데이터를 병렬적이고 전역적으로 탐색할 수 있다는 특징이 있다. 셋째, 회귀분석(regression analysis)은 변수들 간의 상호 관련성을 규명하고 변화를 예측하는 기법으로, 서로 다른 관계에 있는 두 변수들이 분명한 방향성이 있을 때 이 기법을 사용한다. 넷째, 유형 분석(classification tree analysis)은 기존의 자료를 바탕으로 자료를 분류하는 것으로, 자료가 유형화될 수 있도록 분석하고 분류하는 기법이다. 다섯째, 기계 학습(machine learning)은 인공 지능 시대에 학습된 내용을 활용하여 그 다음 실행이 무엇인지 예측하고 대치하여 분석하는 기법이다. 여섯째, 소셜네트워크 분석(social network analysis)은 사회 관계망을 분석해서 트랜드(trend)를 발견하거나 대상 인물들 간에 관계가 어떻게 이루어지고 있는지 등을 파악하여 분석하는 것이다. 일곱째, 감성 분석(sentiment analysis)은 앞에서 서술한 것과 같이 특정 주제에 대해 많은 사람들의 생각을 단어 적용을 통해 분석하거나, 어떤 특정한 이미지에 대한 많은 사람들의 생각을 분석해 내는 기법이다.

1. 빅데이터 분석은 몇 단계를 거쳐 이루어집니까?

2. 데이터 분석이 성공하기 위한 3가지 핵심 요소는 무엇입니까?

3. 데이터를 분석하는 전문가를 뭐라고 부릅니까?

4. 빅데이터 분석에 사용되는 대표적인 기술로는 어떤 것들이 있습니까?

○ 중요하다고 생각되는 용어를 찾아 정리해 봅시다.

☐ _____ : _____

☐ _____ : _____

☐ _____ : _____

강의를 들으며 빈칸을 채워 봅시다.

1. 빅데이터 분석은 일반적으로 (   )를 거쳐서 이루어진다. 제일 먼저 …
   데이터의 (   ), collection이 필요하다. 그래서 우리가 데이터를 수집
   할 때는 내가 (   )으로 갖고 있는 데이터를 수집할 수 있지만 (   )의
   정보를 수집할 수도 있다.

2. 데이터의 (   ), store는 유효한 데이터를 (   )할 수 있어야 된다….
   그 중에서 정말 필요한 데이터만 뽑아낼 수 있는 (   )에 대한 식별
   능력이 이곳에서 필요하다.

3. 저장된 내용을 실질적으로 (   )하는 작업에 들어가게 된다…. 데이터
   중에서 (   )를 뽑아낼 수 있는 키워드 (   ) 작업이 필요하다. 추출
   된 데이터를 통해서 키워드를 통해서 (   ) 작업을 할 수 있어야 된다.

4. 분석까지 끝냈으면 우리가 이제 할 것은 (   )이다…. 다양한 (   ), 데
   이터를 뿌리면 그걸 사람들이 봐도 보기 힘들다. 이해하기 힘들다. 그렇기
   때문에 빅데이터의 분석의 마지막 과정은 (   ), visualization을
   할 수 있느냐 이것이 중요하다.

5. 성공 전략에는 3가지의 (   )를 이야기 하고 있다. (   )이 있
   어야 되고, 이 자원은 데이터에 해당이 된다. 그 다음에 (   ), 분석을
   해줄 데이터 사이언티스트(Data scientist)들이 있어야 된다. 그 다음에 이런
   작업들을 자원을 가지고 분석할 수 있는 환경을 제공하는 플랫폼(platform)
   이 있어야 된다. (   )에 해당한다.

6. 어떤 데이터를 모을 것인가를 결정하는 것은 데이터 사이언티스트(Data scientist), (   )들이 하는 일이고, 어떻게 (   )할 것이냐 (   )이다. 플랫폼(platform)에서 결정하는 것이다.

7. 농부형으로 빅데이터를 분석하는 곳에서는 (   )으로 데이터를 분석을 해서 데이터에서 (   )를 실행할 수 있게 해 주고,… 소규모적으로 결과물을 조금씩 조금씩 획득해 나가는 것은 (   ) 빅데이터 분석가가 되겠다. 어느 정도의 예측을 하고 들어가는 (   )인 측면을 가지고 있어야 된다. 그리고 (   )에 대한 (   )을 바탕으로 분석을 실행하는 형태들이다. 그 다음에 가설의 (   )을 입증을 할 수 있게 된다. 그렇기 때문에 대량의 데이터를 처리할 수 있는 형태를 우리가 일반적으로 (   )의 빅데이터 분석가 이렇게 얘기한다.

8. 여행가는 일단 떠난다. 그래서 (   )이 무엇인지 처음에는 알지 못한다. (   )로 많은 데이터를 (   )한다. 그래서 데이터를 조사하면서 계속 모니터링(monitoring)을 해서 그 (   )한 데이터를 프로파일링(profiling) 해서 빅데이터에서 찾아낼 수 있는 (   )를 찾아내는 게 (   ) 빅데이터 분석가에 해당한다.

9. 탐험가형, 탐험가는 무조건 떠난다…. 데이터에 (   )으로 접속을 해서, 데이터 발생에서 일어나고 있는 (   )을 검토하게 된다. 그래서 (   )하고 (   )으로 분석을 해서 어떤 툴(tool)을 이용을 해서 그 안에서 새로운 가치를 찾아낼 수 있는 그런 형태이다. 그 기법의 첫 번째, (   )이라는 기법이 있다…. (   ) 정도를 측정해서 유용한 규칙을 많은 데이터 안에서 찾아낼 수 있다…. 연관성이 많은 대상들을 (   )하는 클러스터링(clustering)의 일종에 해당한다.

10. 유전 알고리즘(genetic algorithm)이란 것은 병렬적이고 전역적으로 (   )

을 할 수 있는 (   )에 해당하는데, 가능한 답들을 미리 알아서 유전자로 택한다. 그래서 이 유전자들이 어떻게 (   )해서 더 좋은 결과를 (   )해 내는지 그 (   )을 탐색할 수 있는 기법이다.

11. 회귀분석이란 변수들 간의 상호 (   )을 규명하고 변화를 (   )하는 기법인데, 그래서 서로 다른 관계에 있는 두 (   )들이 반드시 한쪽 방향으로 가는 분명한 (   )이 있을 때 우리는 회귀분석방법으로 빅데이터를 분석할 수 있다.

12. 유형분석이라는 것이 있는데,… 기존의 자료를 바탕으로 자료를 (   )를 하는 것이다. 그래서 분류를 하는 방식이… (   )된 방향으로 서로 뻗어나갈 수 있게끔 자료를 (   )하고 자료를 분류할 수 있는 기법이다.

13. 머신 러닝(machine learning),… (   ) 시대이기 때문에. (   )이란 학습된 내용을 활용을 해서 그 다음 실행이 무엇인지 (   )하고 (   )해서 빅데이터를 적용할 수 있는 것이다.

14. 소셜네트워크(social network)를 통한 분석. 요즘 대다수의 사람들은 (   )을 통해서 소통하고 있기 때문에 이 사회 관계망 분석을 한다.

15. 마지막으로 빅데이터 분석 기법으로 (   )이라는 게 있다. 특정 주제에 대해서 부정적으로 생각을 갖고 있는지 또는 긍정적인 단어를 적용하면서 사용하고 있는지 분석을 해서 어떤 (   )에 대한 많은 사람들의 (   )를 분석해 낼 수 있는 기법이다.

🖥️ 강의 동영상을 보면서 필기를 해 봅시다.
17-4

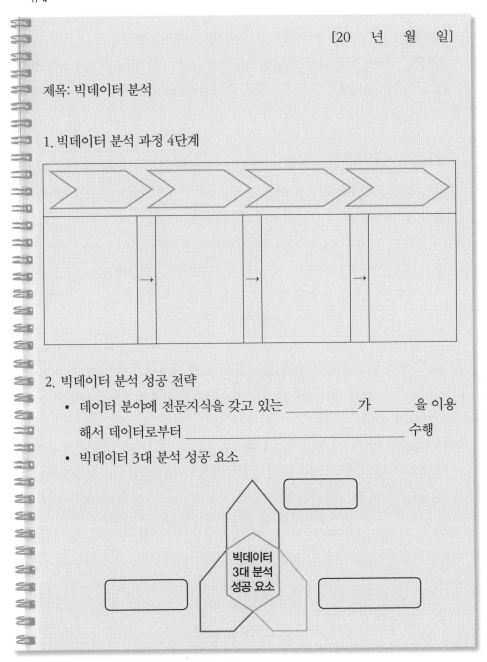

[20   년   월   일]

제목: 빅데이터 분석

1. 빅데이터 분석 과정 4단계

2. 빅데이터 분석 성공 전략

• 데이터 분야에 전문지식을 갖고 있는 _____ 가 _____ 을 이용
해서 데이터로부터 _____ 수행

• 빅데이터 3대 분석 성공 요소

빅데이터
3대 분석
성공 요소

→ 이 세 가지가 _____ 때 빅데이터 분석이
  성공 가능

3. 데이터 분석가의 유형

농부형	광부형
여행가형	탐험가형

4. 빅데이터의 분석 기법
    1) 연관 규칙 학습: _____
       _____
    2) 유전 알고리즘: _____
       _____
       _____
    3) 회귀분석: _____
       _____
    4) 유형 분석: _____
       _____
    5) 기계 학습: _____
    6) 소셜네트워크 분석 : _____
       _____
    7) 감성 분석: _____
       _____

① 다음은 '빅데이터'에 대한 슬라이드입니다. 슬라이드를 완성하고 발표해 봅시다.

빅데이터 3대 분석 성공 요소

빅데이터 분석 기법

❷ 다음은 시험 문제입니다.

빅데이터 분석에 있어 성공 요소 3가지와 대표적 분석 기법들을 기술하시오.

성적

제18과 유비쿼터스 컴퓨팅

생각 열기

■ 유비쿼터스 컴퓨팅은 인간에게 최적의 서비스를 제공하는 것입니다. 유비쿼터스 컴퓨팅 환경에서 제공되는 다양한 서비스들에 대해서 이야기해 봅시다.

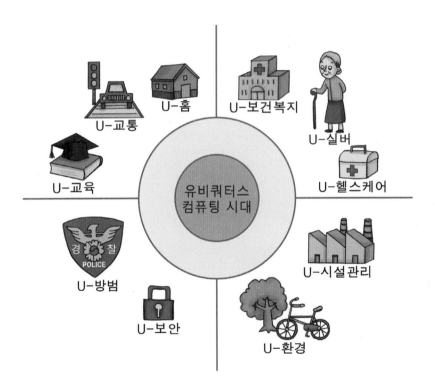

◇◇◇◇◇◇◇◇◇◇◇◇◇◇◇◇◇◇◇◇◇◇◇ **준비하기** ◇◇◇◇◇◇◇◇◇◇◇◇◇◇◇◇◇◇◇◇◇◇◇

◪ 다음은 강의 자료의 일부입니다. 읽고 질문에 답해 봅시다.

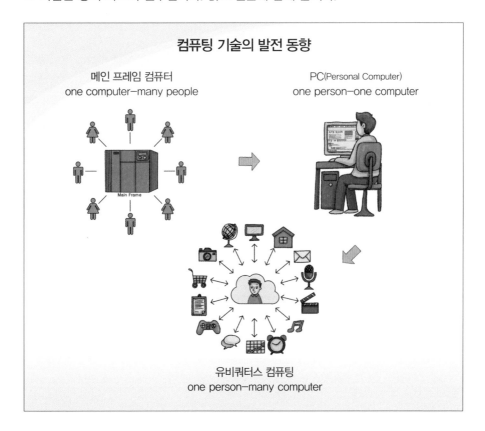

1. 컴퓨팅 기술이 어떻게 발전해 왔습니까?

2. 유비쿼터스 시대에 'one person - many people'은 무엇을 의미합니까?

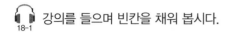 강의를 들으며 빈칸을 채워 봅시다.

1. 이전 시간에 유비쿼터스 컴퓨팅 기술의 기본적인 개념과 어떻게 이러한 새로운 기술이 시작되었는지에 대해서 소개를 했다. 본 시간에는 유비쿼터스 컴퓨팅 기술의 (   )과 또 (   ) 대해서 좀 더 자세하게 설명을 하겠다.

2. 메인 프레임 컴퓨터(main frame computer)라는 것은 (   ) 컴퓨터로서 정부나 학교와 같은 큰 (   )에서만 사용이 되는 것이다. … 이러한 컴퓨터는 따라서 (   )가 (   ), 심지어는 한 국가의 모든 사람들을 다 (   )하는 one computer-many people(하나의 컴퓨터 – 많은 사람), 이러한 모델을 가지고 있다.

3. 퍼스널 컴퓨터(Personal Computer, 개인 컴퓨터)는 1970~80년대부터 개발이 되어서 1990~2000년을 통해 정말 많은 사람들한테 사용이 되고 있는 아주 (   )인 컴퓨터라고 말할 수가 있습니다. 이러한 PC, Personal Computer는 one person-one computer(한 명의 사람 – 하나의 컴퓨터)로서 (   )들이 각각 (   )하고 있으면서 (   )는 자기만 쓸 수 있는 그런 형태로 (   )이 되고 있다.

4. 이런 PC도 현재는 그 어떤 (   )라든지 (   )이 조금은 (   )라고 할 수가 있다. 왜 그럴까? 거기에는 유비쿼터스 컴퓨팅이 가장 중요한 이유가 되겠다.

5. 현재 쓰고 있는 스마트폰(smartphone), 노트패드(notepad) 등 몸에 착용하는 기어(gear) 해서 우리 (   )에도 이미 여러 개의 컴퓨팅 디바이스

(computing device, 컴퓨터 장치)가 (   )이 되고 있다. 이러한 유비쿼터스 컴퓨팅 환경에서는 one person-many computer(한 명의 사람 - 많은 컴퓨터) 해서, 아주 오래 전에 메인 프레임에서는 one computer-many people 모델에서 PC의 one person-one computer로 (   )되어 오다가 지금은 one person-many computer가 되고 있는 시대라고 말할 수가 있다.

6. 유비쿼터스 컴퓨팅의 환경에서는 (   )에도 (   )를 이미 지니고 있는 것처럼 사람 몸뿐만이 아니라 인간의 (   )에 컴퓨터들이 들어가 있어서 (   )을 하는 것이 새로운 유비쿼터스 컴퓨팅 모델이라고 할 수가 있다.

🖥 강의 동영상을 보면서 필기를 해 봅시다.
18-2

[20   년   월   일]

제목: _____

1. 메인 프레임 컴퓨터(main frame computer, 대용량 컴퓨터)
   - _____
   - _____

     _____

   → 원 컴퓨터-매니 피플 (one computer － many people)

2. 개인 컴퓨터(PC, Personal Computer, 개인 컴퓨터)
   - _____

   - _____

     _____

   → 원 퍼슨-원 컴퓨터(one person－one computer)

⬇

3. 유비쿼터스 컴퓨팅(Ubiquitous Computing)
   - _____

     _____

   예)_____
   → 원 퍼슨-매니 컴퓨터(one person-many computer)

∴ 유비쿼터스 컴퓨팅 환경:

_____

_____

_____

_____

_____

_____

⇒ _____

_____

_____

_____

_____

~~~~~~~~~~~~~~~~~~~~~~~~~~~~~~ **준비하기** ~~~~~~~~~~~~~~~~~~~~~~~~~~~~~~

◨ 다음은 강의 교재의 일부입니다. 읽고 질문에 답해 봅시다.

마크 와이저
(Mark Weiser)

　유비쿼터스 도시, 유비쿼터스 캠퍼스, 유비쿼터스 사회 등 유비쿼터스와 관련된 수많은 단어들이 더 이상 새롭지 않다. 이와 같이 어느 순간 우리 일상에서 익숙하게 사용되고 있는 '유비쿼터스'라는 말은 1988년 복사기 회사인 제록스(Xerox)의 마크 와이저(Mark Weiser, 1952~1999)가 처음 제안한 개념이다.

　마크 와이저는 유비쿼터스 컴퓨팅에 대해 "실제 환경에 수많은 컴퓨터들을 설치하지만 사용자에게 보이지 않게 함으로써 컴퓨터 사용성을 향상시키는 방법"이라고 했다. 그는 인간 환경을 고려하여 컴퓨터가 일상생활의 배경 속으로 사라지는 개념을 구상하였고, 미래의 컴퓨터는 일상생활 사물 속에 내장되어 보이지 않는 컴퓨터가 될 것이라고 인식했다.

　이와 같은 인식을 바탕으로, 그는 유비쿼터스 컴퓨팅의 다섯 가지 특징을 밝혔는데 이를 살펴보면 다음과 같다. 첫째, 컴퓨터가 '분산되어(distributed) 연결돼 있다'는 것이다. 분산된 컴퓨터들이 연결되어 서로 협력을 함으로써 편리한 기능을 제공한다. 둘째, 인간과 컴퓨터가 암묵적으로 상호작용을 한다는 것이다. 지금까지는 사람이 직접 키보드를 치거나 마우스를 움직여 지시를 내렸으나 암묵적 상호작용을 통해 그런 작업이 필요없게 되었다. 왜냐하면 컴퓨터가 사람의 모든 행동 패턴과 상황을 인지하여 지시 없이도 자율적·자동적으로 작용하기 때문이다. 셋째, 컴퓨터가 상황을 인지(context awareness)한다는 것이다. 이는 컴퓨터가 사용자의 상황을 인지함으로써 사용자가 기쁘면 즐거운 음악을 틀어 주고 슬프면 조금 가라앉은 음악을 틀어 주는 등 사용자의 상황에 맞는 최적의 서비스를 제공하는 것을 말한다. 넷째, 이러한 작업들은 사용자의 지시 없이 자율적(autonomous)으로 이루어진다는 것이다. 마지막으로는 모든 작업이 컴퓨터의 지능을 이용해 작동된다는 것이다. 이미 컴퓨터의 지능은 사람과 경쟁할 수 있을 정도로 고도의 지능을 갖추고 있기 때문에 많은 컴퓨터를 서로 연결시켜서 사용할 경우 인간의 지능보다 훨씬 더 뛰어난 지능을 발휘할 것으로 기대된다.

이러한 특성을 이용하여 현재 유비쿼터스 컴퓨팅은 세 가지 환경을 지원하고 있다. 이 환경은 물질의 공간, 사람의 공간, 컴퓨터의 공간을 말한다. 물질의 공간 (Physical environment)은 우리가 볼 수 있고 만질 수 있는 물질들의 공간을 의미한다. 사람의 공간(Human environment)은 사람들의 공간을 말한다. 마지막으로 컴퓨터나 주변 기기들의 장치들이 모여 있는 가상의 공간(Virtual environment)이 있다. 유비쿼터스 컴퓨팅은 이 세 공간을 유비쿼터스 시스템이 지원하고 상호작용을 하면서 인간에게 가장 최적인 서비스를 제공한다.

유비쿼터스 컴퓨팅이 운용되는 인프라는 우리 눈에는 보이지 않지만 이미 우리의 주변 모든 곳에 RFID[1](Radio Frequency Identification), 센서(sensor) 등이 우리 주변의 모든 사물에 들어가 있어 여러 상황을 인지하고 있다. 이들 센서로부터 취합된 정보를 받아 처리하는 컴퓨터의 소프트웨어나 시스템들이 최종적으로 애플리케이션을 통해서 교통이나 의료 등 인간에게 필요한 정보와 서비스를 제공하고 있다. 다시 말해 유비쿼터스 컴퓨팅 기술이 인간의 삶에 녹아 들어가 편리함을 증대시키고 있으며, 앞으로 인간 문명의 발전에도 많은 기여를 할 것이다.

---

1) 주파수를 이용해 ID를 식별하는 시스템으로 '전자태그(tag)'라고도 불린다.

1. 유비쿼터스 컴퓨팅이란 무엇입니까?

2. 유비쿼터스 컴퓨팅의 다섯 가지 특징은 무엇입니까?

3. 유비쿼터스 컴퓨팅의 세 가지 환경은 무엇입니까?

○ 중요하다고 생각되는 용어를 찾아 정리해 봅시다.

☐ _____ : _____
☐ _____ : _____
☐ _____ : _____

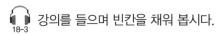 강의를 들으며 빈칸을 채워 봅시다.

1. 지금은 유비쿼터스 환경에서, 사진기 안에 컴퓨터가 들어가 있어서 사진을
   찍는 것과 동시에 사진에 찍히는 (   ), 어떤 지역이라든지 사람이라든
   지 이런 것들을 컴퓨터가 (   )을 해서 자동으로 (   )를 다른 컴
   퓨터에서 (   )서 이 사진에 그러한 정보를 추구하는 그런 정도로까지
   (   )을 했다.

2. 찍힌 사진을 먼 곳에 (   ) 프린터나 아니면 컴퓨터에 (   )을
   해서 사진을 직접 (   )를 하거나 아니면 다른 사람의 스마트폰에
   (   )서 그 사람이 그 사진을 바로 볼 수 있도록 하는 아주 (   )한,
   언제 어디서나 그러한 기능을 제공을 할 수가 있다.

3. 두 번째 시나리오에서는 우리가 일상생활에 정말 중요한 (   )이
   되겠다…. 우리가 판단해서 가장 우리한테 적합하고 편리한 버스를 탈 수
   있도록 하는, 그러한 교통 시스템에서의 (   )을 유비쿼터스의 기능을
   통해서 (   )을 받을 수가 있다.

4. 냉장고 안에 컴퓨터가 들어가 있어서… 모든 음식에 대한 정보를 (
)을 해서 어떤 특정의 물품이 이제 남아 있지 않으면 자동으로
   그 음식물에 대해서 마켓(market)에 (   )서 그 마켓에서 자동으로
   필요한 음식물을 (   )을 함으로써… 편리한 유비쿼터스 서비스가 제
   공이 되고 있다.

5. 네 번째 시나리오에서는 집 안에서의 전자기기들을 (   )을
   시켜서 서로 정보를 주고받고 또 사용자에게 어떤 서비스를 제공하는 것

뿐만 아니라 심지어는 집안에서 쓰이는 가스라든지 물, 전기 등을 알아서 (   )으로 가장 (   ) 컨트롤(control)할 수가 있다. 예를 든 다면 여름에… 전기가 끊어지지 않도록 하는 그런 (   )과 어떤 기능을 유비쿼터스 컴퓨팅에서는 제공할 수가 있다. 이런 것들이 가능하게 된 이유는 … 모든 기기들에 이미 컴퓨터가 (   ) 때문에 그런 컴 퓨터들이 어떤 상황을 (   )해서 (   )하고 또 그에 맞는 어떤 (   )을 하게 돼서 가능하게 된 것이다.

6. 유비쿼터스 컴퓨팅은 크게 (   )이 있다. 이러한 특성은 마크 와이 저 박사라는 분이 1990년대 초반에 처음으로 유비쿼터스 컴퓨팅이라는 (   )을 했고 또 이러한 특성을 밝혔다.

7. 첫 번째로… '컴퓨터가 (   )돼 있다.', '분산돼서 (   )돼 있다.' 하 는 것이다. 이런 분산(distributed) 돼 있는 컴퓨터들이 서로 (   )을 함으 로써 좋은 편리한 (   )할 수 있게 된 것이다.

8. 인간과 컴퓨터가 (   )을 하는데 영어로는 HCI(Human Computer Interaction)…. implicit-HCI(암묵적인 HCI)라는 것은 지금까지의 explicit- HCI(직접적인-HCI)와는 달리… 왜냐하면 컴퓨터가 사람의 모든 (   ) (pattern)과 (   )함으로써 그러한 지시가 없어도 (   )으로 자 동적으로 컴퓨터가 (   )을 하기 때문에 그런 것이다.

9. 지능적인 작업을 위해서는 사람, 사용자의 (   )를 해야 된다. 컨텍스트 어웨어니스(Context awareness)를 함으로써… 사용자의 무드(mood) 도 이해할 수 있고 또 사용자가 지금 더운지 추운지 등 여러 가지 상황을 인 지함으로써 (   )를 제공하게 되는 것이다. 이러한 작업들이 사 용자의 지시가 없이 (   )으로 autonomous하게 이루어진다.

10. 모든 작업이 컴퓨터의 지능을 이용해서 (   )인 intelligent한 여러 가지 작업을 통해서 작동을 하는 그런 (   )이 다섯 번째 특성이 되겠다.

11. 유비쿼터스 컴퓨팅에서는 (   )을 들고 있는데, 첫 번째로 Physical environment, 그야말로 물질적인… 우리가 볼 수 있고 만질 수 있는 그런 (   )이 되겠다.

12. 두 번째로는 Human environment, 그래서 (   )이 되겠다. 사람이 이러한 유비쿼터스 컴퓨팅에서의 가장 (   )가 되겠다.

13. 세 번째 환경은 Virtual environment, 해서 이러한 그 컴퓨터라든지 그런 주변 기기들의 그런 (   ) 있는 공간이 된다. 이러한 (   ). 물리 공간, 사람의 공간, 또 컴퓨터의 공간. 이런 세 가지의 공간을 5가지의 특징을 가지고 있는 유비쿼터스 시스템이 (   )을 하고 또 (   )을 함으로써 사람들에게 가장 최적인 서비스를 제공해 주는 것이 (   )이 되겠다.

14. 유비쿼터스 컴퓨팅이 (   )되는 인프라(infrastructure)를 볼 것 같으면… 제일 밑에는 RFID(Radio Frequency Identification)라든지 센서(sensor)라든지 이런 것들이 이미 현재에도 많이 들어가 있다. 그러한 센서들로부터 (   )들이 여러 가지 무선 네트워크, 유선 네트워크를 통해서… 의료라든지, 생활 속에 정말 필요한 우리 주변에서의 삶에서 이런 유비쿼터스 컴퓨팅의 (   ) 사람들에게 제공을 하고 있다.

🖥️ 강의 동영상을 보면서 필기를 해 봅시다.
18-4

[20 년 월 일]

제목: 유비쿼터스 특징과 사용 환경

1. _____

  1) 사진

  - 사진을 찍는 것과 동시에 사진에 찍히는 대상물, 지역, 사람 등을 컴
    퓨터가 인식해서 _____에서 불러와서 이
    사진에 _____
  - 찍힌 사진을 먼 곳에 있는 프린트나 컴퓨터에 _____하여 _____
    ____를 하거나, 다른 사람의 스마트폰으로 전송하여 그 사람이 바로
    볼 수 있음

  2) 교통 시스템

  - 유비쿼터스 컴퓨팅의 기능을 통해서 _____을
    제공 받음

  3) 냉장고

  - 음식에 대한 정보를 _____하여 특정 음식물이 남아
    있지 않으면 _____
    하는 서비스 제공

  4) 전자기기

  - 전자기기들이 _____

_____ 서비스를 제공

- 집안의 전자기기들을 _____ 서비
  스를 제공할 뿐 아니라 물, 가스, 전기 등을 가장 최적으로 컨트롤함
∴ 이러한 지능적인 판단과 어떤 기능이 가능한 것은 _____
  _____ 되어 있어 _____ 하고 결정하여 _____
  _____ 때문임

2. 유비쿼터스의 특징

Autonomous

Distributed

Context-aware   iHCI

Intelligent

292

3. 유비쿼터스 컴퓨팅의 3가지 환경

   1) _____ 공간: _____

                               _____

   2) _____ 공간: _____

                               _____

   3) _____ 공간: _____

                               _____

∴ 세 공간에서 _____

_____

※ 정리: 유비쿼터스 컴퓨팅이 운용되는 인프라(infrastrueture)

   우리 주변의 모든 곳에 센서가 들어가 있음 → 센서들이 _____ →

   _____ → _____

❶ 다음은 '유비쿼터스 컴퓨팅'에 대한 슬라이드입니다. 슬라이드를 보고 발표해 봅시다.

유비쿼터스 컴퓨팅의 5가지 특징

세 환경 사이에 UbiComp

• 물질적 공간

• 사람의 공간

• 컴퓨터 공간

❷ 다음은 시험 문제입니다.

20 학년도 제 학기		**시험답안지**		

| 과목명 | | 학위과정 | 학사/석사/박사/석·박사 통합 | 담당교수명 | |

| 대학   학부(과)   학년 | 학번   번 | 성명 | | 검인 | |

| 유비쿼터스 컴퓨팅의 5가지 특징 그리고 3가지 환경에 대해 서술하시오. | 성적 |

 생각 열기

□ 생명체는 생명을 유지하기 위해 산소가 필요합니다. 이때 산소
는 어떻게 생성되는지 이야기해 봅시다.

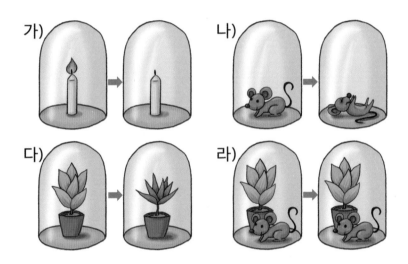

[1780년 조셉 프리슬리(Joseph Priestley, 1733~1804)의 실험]

◇◇◇◇◇◇◇◇◇◇◇◇◇◇◇◇◇◇◇ **준비하기** ◇◇◇◇◇◇◇◇◇◇◇◇◇◇◇◇◇◇◇◇

◘ 다음은 강의 자료의 일부입니다. 자료를 보고 질문에 답해 봅시다.

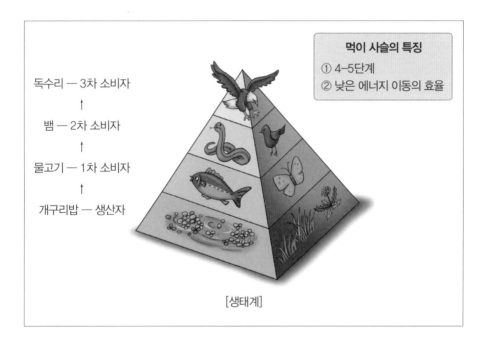

독수리 — 3차 소비자
↑
뱀 — 2차 소비자
↑
물고기 — 1차 소비자
↑
개구리밥 — 생산자

먹이 사슬의 특징
① 4–5단계
② 낮은 에너지 이동의 효율

[생태계]

1. 생태계에서 생산자와 소비자는 무엇을 의미합니까?

2. 먹이 사슬의 특징은 무엇입니까?

🎧 강의를 들으며 빈칸을 채워 봅시다.
19-1

1. 먹이사슬이 이렇게 (   )에 그친다. 이 이상 가지는 않는다.
   (   )가 가고 이러지 않는다.

2. 생산자는 이제 (   )을 많이 할 테고, 연못에 있어서 개구리밥들이 많
   이 자랄 테고, 이 (   )인 이런 것들이 많이 자랄 텐데, 이것의
   (   )은 상당히 높다. 생체량이라는 것은 바이오매스(biomass)라고 볼 수
   가 있다. 자 이것을 말려서 있는 전체 무게라고, (   )이라고 볼 수
   도 있다.

3. 물고기는 상당히 (   )이 이것에 비해서 많이 (   ) 된다. 물고기가…
   여기서 가지고 있는 많은 (   )들이 결국은 이쪽으로 (   )이
   되어 올 텐데 이런 과정에서 물고기가 개구리밥을 먹느라고 이동을 해야
   되고 헤엄을 쳐야 되고 또 개구리밥에 있는 100% 다 먹는 것이 아니라 개
   구리밥 중에서 일부만 먹고 또 나머지는 못 먹으니까 다시 (   )을
   해버리고 등등… 이래서 이쪽으로 올라가는 우리 생체량 아니면은 우리가
   (   ). 생체 안에 있는 많은 물질들이 전부 다 그 속에는 에너지
   가 있으니까 우리가 (   )이라고도 볼 수가 있다. 에너지 이동의
   (   )이 낮은 것이 특징이다.

4. 효율이 낮기 때문에 이런 (   )의 (   ), 이 포식자들에게 갈
   (   )들은 (   )에 그렇게 많지가 않다. 그렇기 때문에 이런
   (   )의 단계가 5개가 넘어서 6, 7, 8, 9, 10 이렇게 되지는 않는다.

5. 우리가 (   ), 이것이 먹고 남은 (   )은 다 (   )가 있

어서 아까 얘기한 대로 분해자가 있어서 이것은 아주 잘게 부숴서 결국은 다시 이쪽으로 모든 (   )들한테 들어가서 이런 에코시스템(ecosystem) (   )되도록 하는 그런 과정을 도와줄 수가 있는 것이다.

6. '생태계가 망가진다'라는 얘기는 이렇게 (   )가 이쪽으로 이동되는 이런 어떤 (   )의 기본적인 (   )이 막히는 것이다.

7. 가령 여기서 우리가 독수리라든가 뱀 이런 것이 없으면 좋을 것 같은데 실은 그렇지 않다. 이것이 어느 정도 물고기도 먹어 주고… 물고기의 숫자도 (   )가 되고 물고기가 그러니까 (   ) 누가 먹어 주지 않으면 물고기가 너무 많아져서 숨도 못 쉬게 되고 (   )하게 되고 자기네들끼리 (   )하게 되고 … 그렇기 때문에 이것도 (   )해야 된다.

8. 먹이랑 포식자는 항상 같이 있어 주면서 (   )를 해 가면서 있어야지 … (   )가 (   )이 되는 것이다.

강의 동영상을 보면서 필기를 해 봅시다.

19-2

[20   년   월   일]

제목: _____

• 먹이사슬은 _____ 에 그침

• 그 이유는 _____기 때문임

_____ 정도만 다음 단계로 넘어감

• 안정된 생태계 ⇐ 4~5개 정도의 먹이사슬

이 중 한 단계가 없어지면 _____

생태계가 망가지면 _____

_____ 안정된 생태계가 형성되는 것임

먹이와 포식자는 _____

◇◇◇◇◇◇◇◇◇◇◇◇◇◇◇◇◇◇◇◇◇◇◇ **준비하기** ◇◇◇◇◇◇◇◇◇◇◇◇◇◇◇◇◇◇◇◇◇◇◇

▣ 다음은 강의 교재의 일부입니다. 읽고 질문에 답해 봅시다.

생명체가 생명을 유지하는 가장 기본적인 대사 과정이 광합성과 호흡이다. 광합성은 지구상에 존재하는 아주 흔한 원료인 이산화탄소와 물이 화학 결합을 할 때 물리 에너지인 빛 에너지를 받아 포도당이라는 양분과 산소를 얻는 과정이다.

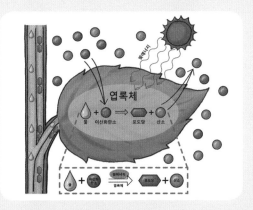

호흡에는 외호흡과 세포 호흡이 있다. 외호흡은 우리가 산소를 들이마시고 이산화탄소를 내뿜는 숨 쉬는 과정이다. 세포 호흡은 외호흡의 결과로 들어 온 산소들이 세포 안에서 생명 활동 에너지인 ATP(Adenosin triphosphate)를 생산하기 위하여 양분, 즉 포도당을 분해하며 이산화탄소와 물을 배출하는 과정이다.

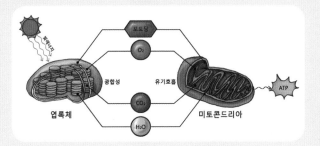

이를 화학식으로 표현하면 아래와 같다.

$$6CO_2 + 6H_2O + \text{에너지} \underset{\text{호흡}}{\overset{\text{광합성}}{\rightleftarrows}} C_6H_{12}O_6 + 6O_2$$

호흡 과정과 광합성 과정의 차이는 광합성 과정에서는 에너지가 흡수되고 유기물이 만들어지지만, 호흡 과정에서는 유기물이 분해되고 에너지가 방출된다는 점이다. 광합성과 호흡을 통해 지구 대기 중에 있는 산소는 약 20%, 이산화탄소는 0.03%로 농도가 일정하게 유지되고 있다. 광합성과 호흡이라는 두 화학 반응은 지구 생명체가 생명을 유지하는 가장 기본적이고, 중요한 원리이다.

1. 광합성은 무엇입니까?

2. 세포 호흡은 무엇입니까?

3. 광합성과 호흡은 어떤 점에서 중요합니까?

◉ 중요하다고 생각되는 용어를 찾아 정리해 봅시다.

☐ _____ : _____
☐ _____ : _____
☐ _____ : _____

🎧 강의를 들으며 빈칸을 채워 봅시다.
19-3

1. 광합성은 말 그대로 (　　　)을 통해서 (　　　)을 만드는, (　　　)들
   이 하는 것이다. 이것의 (　　　　　)을 보게 되면, CO_2(　　　) 탄
   산가스에다가 그 다음에 (　　　)이 필요하다. 그 다음에 이것이 이제 반
   드시 있어야 되는 것이 (　　　)이다. 근데 빛이라는 것은 … 물리 에너지
   의 일종이라고 볼 수가 있다. 이런 빛에 있는 (　　　)를 이용을 해서, 이제
   (　　　　)랑 물을 이용을 해서 이것을 (　　　)을 만드는 것이다.

2. 영양 물질이라는 것은 우리가 얘기하는 (　　　　　　　), 그런 것들
   에서는 (　　　)이 커서, 즉 결합이 (　　　　　　)들이 많이 돼 있어서
   결합이 많이 돼 있다란 것은 (　　　　)가 많다.

3. 광합성의 중요성이라는 것은 이루 말할 필요가 없다. 이런 값싼, (
   　　　　　)을 이용을 해서 이런 (　　　　), 이 … 이 생물들이 좋아
   하는 이 (　　　)을 만들어 주는 것이 특징이고, 그 다음에 이 두 번째는 이
   (　　　)를 supply 제공을 하는 것이 이 (　　　)의 아주 중요한 의미라고
   볼 수가 있다.

4. 어떤 원자에서는 여기에 (　　　)라고 하는 것과 (　　　)라고 하는 이런
   것들이 이런 것들이 (　　　)이라고 하는 가운데 있고, 이 (　　　)의 바깥
   부분에서는 이런 (　　　)라는 electron, 이 전자라는 (　　　　　)이
   각 원자의 주변을 맴돌고 있다.

5. 뜨거운 전자라는 것은 (　　　　　) 전자, 에너지가 많은 (　　　)이라
   는 것인데, 이것은 에너지가 많은 것을 좋아하는 (　　　)가 있으면 이 전

자가 이쪽으로 (   )을 하게 되는 것이다….(   )을 받
아주는 산소로 가는 (   )에서 이것이 품고 있던 많은 에너지를 내어놓
게 되면, 바로 이 에너지가 (   )이 사용하는, 아주 생명이 사용하는 특
별한 에너지, 물질이 있는데 그것을 우리가 ATP라고 얘기를 한다.

6. 세포호흡이라는 것은 (   )에서 벌어지는 (   )이고 그 다음에
   이것과 다르게 우리가 (   )를 통해서 보게 되면 (   )이라고 그래
   서 우리가 지금 숨 쉬는 것, (   ), (   )를 내뿜는 것
   이다.

7. 산소가 (   )이 되고 (   )을 통해서는 이쪽으로 가니
   까 (   ). 사용되고 소모되고 만들어지고. 그러니까 어떤 (   )
   가 지구상에서 유지가 될 것이다. 마찬가지 원리로 (   )도 이것도
   (   )되고 만들어지고 또 (   )을 통해서 이것이
   (   )이 되니까 CO$_2$도 우리 지구 (   )는 일정한 것이다.

8. 식물이 잎을 통해서 실제로 잎에는 (   )라는 chloroplast라는 특별한
   (   )이 있어서 거기서는 조금 전에 얘기했던 (   )을 벌이
   는 것이다. 우리 식물뿐만 아니라 (   ) 중에서도 광합성 하는 것이
   있다.

🖥️ 강의 동영상을 보면서 필기를 해 봅시다.
19-4

[20   년   월   일]

1. 광합성

   1) 개념: _____

   2) 화학식: $CO_2 + H_2O \xrightarrow{\text{빛}} C_6H_{12}O_6$

                    화학 결합, _____

   3) 중요성: – 흔히 널려 있는 _____

                  _____을 만들어 줌

          – 이 과정에서 _____를 제공함

2. 세포 호흡

   1) 개념: – _____

         cf) _____: _____

         – _____

   2) 화학식: $C_6H_{12}O_6($_____$) + O_2 \rightarrow CO_2 + H_2O + ATP$

   3) 중요성: – 세포 호흡을 통해 _____

                  _____

3. 광합성과 호흡의 관계

   1) 지구 대기 중의 _____

   2) 산소는 _____%, 이산화탄소는 _____%로

   3) 생태계에서 식물은 _____로서 _____

               _____하는 매우 중요한 역할을 함

❶ 다음은 '생태계 그리고 광합성과 호흡'에 대한 슬라이드입니다. 슬라이드를 보고 발
 표해 봅시다.

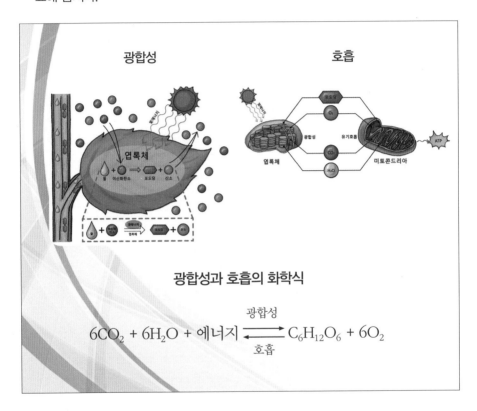

❷ 다음은 시험 문제입니다.

20 학년도 제 학기		**시험답안지**	

과목명		학위과정	학사/석사/박사/석·박사 통합	담당교수명	

대학 학부(과) 학년	학번 번	성 명		검 인	

광합성과 호흡의 개념과 그 둘의 관계에 대해 설명하시오.	성적

접선의 방정식

□ 다음 방정식을 풀어 봅시다.

1. 함수 $f(x) = x^2 - 8 \times x + 9$로 주어져 있는 함수 $f(x)$를 생각하고 그 함수의 숫자 a에서의 도함수를 구하라.

2. $y = x^2$이라는 포물선 위에 점 p의 좌표가 $(1,1)$이 되도록 잡고, 이 점에서의 접선의 방정식을 구하라.

308

◇◇◇◇◇◇◇◇◇◇◇◇◇◇◇◇◇◇◇◇◇◇◇◇◇◇◇ **준비하기** ◇◇◇◇◇◇◇◇◇◇◇◇◇◇◇◇◇◇◇◇◇◇◇◇◇◇◇◇

◘ 다음은 강의 자료의 일부입니다. 아래의 수식을 보고, 질문에 답해 봅시다.

$$f'(a) = \lim_{h \to 0} \frac{f(a+h) - f(a)}{h}$$
$$f'(a) = \lim_{x \to a} \frac{f(x) - f(a)}{x - a}$$

함수 $f(x) = x^2 - 8x + 9$를 구하시오.

$$\begin{aligned}
f'(a) &= \lim_{h \to 0} \frac{f(a+h) - f(a)}{h} \\
&= \lim_{h \to 0} \frac{[(a+h)^2 - 8(a+h) + 9] - [a^2 - 8a + 9]}{h} \\
&= \lim_{h \to 0} \frac{a^2 + 2ah + h^2 - 8a - 8h + 9 - a^2 + 8a - 9}{h} \\
&= \lim_{h \to 0} \frac{2ah + h^2 - 8h}{h} \\
&= \lim_{h \to 0} (2a + h - 8) \\
&= 2a - 8 \\
f'(1) &= 2 \times 1 - 8 = -6
\end{aligned}$$

1. 한 점을 고정하고 다른 한 점을 0에 가깝게 다가간다는 의미를 수학적 기호로 어떻게 표시합니까?

2. 극한을 수학적 기호로 어떻게 나타냅니까?

3. 곡선의 기울기를 구하기 위해 알아야 하는 것은 어떤 것들이 있습니까?

🎧 강의를 들으며 빈칸을 채워 봅시다.
20-1

1. 미분에 대해서 살펴보자. 일반적으로 함수 $y = f(x)$가 (　　　　) 점 $(a, f(a))$ 를 잡고 또 다른 점 $q(x, f(x))$를 (　　　　) 그 두 점을 (　　　　), 할선의 기울기는 $\dfrac{f(x) - f(a)}{x - a}$ 가 된다.

2. x 대신에 $a + h$를 집어 넣으면 $f(a + h) - f(a)$를 h로 (　　　　)이 할선 p, q 의 기울기가 된다. 여기서 h를 0으로 (　　　　)을 취해 준 것이 바로 접선, 점 p에서의 접선의 기울기가 된다. 다시 말해, a라는 값을 주어지면, 이와 같은 극한 프로세스, (　　　　)을 거쳐서 나오는 값이 우리가 a에 (　　　　) 값이라고 고려를 하면 바로 이러한 과정이 바로 우리에게 (　　　)를 주게 된다. 이를 우리는 (　　　　)라고 한다.

3. 함수 f가 주어졌을 때 숫자 a에서의 derivative 미분은 $f'(a)$라고 표시를 하고 $f'(a)$라는 것은 앞서 정의했듯이 $\dfrac{f(a + h) - f(a)}{h}$ 라는 값을 h를 0으로 보 낼 때 (　　　)으로 정의한다.

4. 다시 말해, a라는 값이 f'이라는 또 다른 함수의 input이 되고, 그 다음 여 기서 나와 있는 limit 극한값이 (　　　) 경우에 그 극한값이 f'이라는 함 수에 output이 되는 그런 함수를 생각할 수가 있고, 그런 함수를 우리가 derivative 혹은 (　　　　), 혹은 (　　　)라고 부르도록 하겠다.

5. 다시 $a + h$를 x로 바꾸게 되면 $f'(a)$라는 도함수는 $\dfrac{f(x) - f(a)}{x - a}$ 라는 값을 x를 a로 (　　　　)의 극한값으로 정의를 한다라는 것과 (　　　)가 되게 된다.

6. 예를 들어보자. 함수 $f(x) = x^2 - 8 \times x + 9$로 주어져 있는 함수 $f(x)$를 생각하고 그 함수의 숫자 a에서의 derivative, (   )를 구하라. 여기서 정의에 의해서 $f(x) = x^2 - 8 \times x + 9$이므로 $f(a+h)$와 $f(a)$를 (   ) 여기 나와 있는 식처럼 (   )가 될 것이다.

$$\begin{aligned} f'(a) &= \lim_{h \to 0} \frac{f(a+h) - f(a)}{h} \\ &= \lim_{h \to 0} \frac{[(a+h)^2 - 8(a+h) + 9] - [a^2 - 8a + 9]}{h} \\ &= \lim_{h \to 0} \frac{a^2 + 2ah + h^2 - 8a - 8h + 9 - a^2 + 8a - 9}{h} \\ &= \lim_{h \to 0} \frac{2ah + h^2 - 8h}{h} \end{aligned}$$

그 식을 간략하게 표시를 하면 $2 \times ah + h^2 - 8 \times h$가 나오게 된다. 이를 다시 h로 나누면 $2 \times a + h - 8$이 나오게 된다. h의 값을 0으로 (   ) 극한을 취해 주게 되면 그 (   )은 바로 $2 \times a - 8$이 되게 되고 이게 바로 $f'(a)$의 값이 된다.

7. a라는 값을 어떤 (   )을 주게 되면 $2 \times a - 8$이라는 과정을 통해서 우리가 f'이라는 (   )을 구할 수 있게 된다. 이런 식으로 우리가 주어진 함수의 (   ), 주어진 함수의 도함수를 구할 수 있게 된다.

8. 예를 들어서 함수 $f(x) = x^2 - 8 \times x + 9$로 주어져 있는 (   ) 위의 점을 잡도록 하자. 그 점의 (   )를 1이라고 하게 되면 $f(1) = 1 - 8 + 9$가 되니까 2가 된다. 다시 말해 $(1, 2)$라는 점을 우리가 잡는다라고 가정을 하자. 그 점에서의 (   )는 과연 무엇인가, 라는 질문에 대해서 우리가 할 수 있는 것은 단지 1이라는 값을 a에 (   )을 하면 $f'(1) = 2 \times 1 - 8$이 되므로 -6이 된다. 다시 말해, 그 점에서의 접선의 기울기는 -6과 같다, 라는 게 이 (   )를 통해서 (   ) 수 있는 결과이다.

강의 동영상을 보면서 필기를 해 봅시다.

[20   년   월   일]

주제: 미분(Derivatives)

1. 두 점을 잇는 직선 할선의 기울기

$$\lim_{h \to 0} \frac{f(a+h) - f(a)}{h}$$

할선의 기울기:

2. 미분(도함수)의 정의:

$f'(a)$는 $f(a+h) - f(a)/h$: $h \to 0$으로 보낼 때

$$f'(a) = \lim_{h \to 0} \frac{f(a+h) - f(a)}{h}$$

3. 극한값

$f(x)-f(a)/x-a$라는 값을 x를 a로 보낼 때의

$$f'(a) = \lim_{x \to a} \frac{f(x) - f(a)}{x - a}$$

예시 문제: 일반수 a의 미분 계수

$$f'(a) = \lim_{h \to 0} \frac{f(a+h) - f(a)}{h}$$

◇◇◇◇◇◇◇◇◇◇◇◇◇◇◇◇◇◇◇◇◇◇ **준비하기** ◇◇◇◇◇◇◇◇◇◇◇◇◇◇◇◇◇◇◇◇◇◇

◘ 다음은 강의 교재의 일부입니다. 읽고 질문에 답해 봅시다.

미분과 적분을 공부하기 전에 우선 함수의 개념을 이해할 필요가 있다. 만약 X라는 집단에 가족 구성원인 아빠, 엄마, 미나가 있다고 가정해 보자. 그리고 Y라는 집단에는 커피, 쥬스, 우유가 있다. 아빠는 커피를 마시고, 엄마는 쥬스를 마시고, 미나는 우유를 마신다. 이와 같이 X의 원소를 Y의 원소에 짝을 각각 지어줄 수 있다. 이것을 '대응(對應, correspondence)'이라고 한다. 이와 같이 X라는 집합의 각 원소가 Y라는 집합의 각 원소 중 한 개씩만 고를 때, 즉 대응할 때, 우리는 이것을 '함수(函數, function)'라고 부른다. 이것을 식으로 표현하면, 함수 $f : x \rightarrow y$라고 표현할 수 있다.

이제 미분(微分, differential)과 적분(積分, integral calculus)의 개념이 왜 필요한지 생각해 보자. 우리는 끊임없이 움직이는 세상에 살고 있다. 태양도 떠서 지고, 공기도 움직이고 있다. 맑은 하늘에 구름도 둥둥 떠다닌다. 우리 주의에 움직임은 항상 있다. 이렇게 변화하는 세상의 운동을 해석하기 위해서 수학이 동원되었다. 움직이는 것들에 대해 이해할 수 있는 것이 미분이다. 즉 미적분의 기본 정리는 등가속도 운동의 이동 거리가 시간-속도 그래프 아래의 넓이에 해당한다는 것에서 출발하였다. 즉 직각삼각형의 넓이가 등가속도 운동의 이동 거리를 나타낸다는 인식에서 미적분에 대한 이해가 시작되었다. 적분은 변화율에 대한 정보이고, 미분은 변화량에 대한 정보이기 때문에 적분 계산은 미분 과정을 거꾸로 적용하면 된다.

미분을 이해하기 위해 우선 직선을 생각해 보자. 이때 가장 중요한 것이 기울기이다. 기울기를 구하기 위해서 좌표축을 그려 보자. 그 좌표축 위에 두 점을 잡고 x축 위의 점을 a, b로 잡는다. 만약에 이 직선을 $y = f(x)$라고 한다면, y축 위의 점은 $f(a), f(b)$가 될 것이다. 따라서 기울기는 $\dfrac{f(b) - f(a)}{b - a}$가 된다.

그런데 움직임을 이해하는 데 더 중요한 것은 직선보다 곡선이다. 왜냐하면 대부분의 사물은 완벽하게 직선으로 움직이지 않기 때문이다. 그래서 곡선에서의 기울기를 구하기 위해 생각한 것이 곡선 위의 점 Q에서 점 P로 어떻게 움직이는지이다. 그런데 곡선 위의 점을 찍으면 찍는 위치에 따라 움직임이 매번 다르게 나타날 수 있으므로 평균적으로 어떻게 움직이는지 생각할 필요가 있다. 그래서 나오는 것이 평균 변화율(平均變化率, average rate of change)이다. 평균 변화율을 이해하기 위해 중요한 것이 증분(增分, increment)이라는 개념이다. 값의 변화량을 생각해 보자. x의 변화량은 [그림 1]에서 살펴보면, a에서 b까지의 변화량이다. 이 변화량은 b에서 a를 빼 주면 된다. 즉 x의 증분(Δx), $\Delta x = b - a$가 된다. 똑같이 y의 값의 변화량은 $f(b) - f(a)$, 즉 $\Delta y = f(b) - f(a)$가 된다. 즉 평균 변화율은 x의 증가량 분의 y의 증가량을 의미한다. 이를 식으로 나타내면, $\dfrac{\Delta y}{\Delta x} = \dfrac{f(b) - f(a)}{b - a}$ 가 된다. 그러면 두 점을 지나는 직선이 평균 변화율이 되는 것이다.

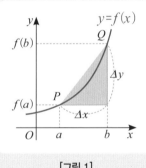

[그림 1]

정리하자면 함수 $y = f(x)$에서 x의 값이 a에서 b까지 변할 때, 평균 변화율의 기하학적 의미는 두 점 $P(a, f(a))$, $Q(b, f(b))$를 지나는 직선의 기울기와 같다.

순간 변화율에 대해서 생각해 보자. 곡선에 두 점을 어떻게 잡느냐에 따라서 평균적인 기울기는 계속해서 달라진다. 따라서 곡선을 생각할 때 치밀한 전략이 필요하다. 어떻게 하면 곡선을 생각할 때, 기울기를 구할 수 있느냐? [그림 2]에서와 같이 곡선 아래에 한 점 a를 고정하고, 움직이는 점 x를 찍는다. x가 점점 a로 가까이 가게 되면, 결국 $x = a$가 된다. $x = a$에서 접선의 기울기가 되고, 이것을 $x = a$에서의 순간 변화율이라고 할 수 있다. 다른 표현으로 미분계수(微分係數, a differential coefficient)라고도 한다.

$x=a$ 접선의 기울기

[그림 2]

　미분 계수 $f'(a)$는 x의 변화량 분의 y의 변화량 중에서 x의 변화량을 0에 가깝게 하는 것을 의미한다. 이를 식으로 나타내면 아래와 같다.

$$f'(a) = \lim_{\Delta x \to 0} \frac{f(a+\Delta x)-f(a)}{\Delta x}$$
$$= \lim_{x \to a} \frac{f(x)-f(a)}{x-a}$$
$$= \lim_{h \to 0} \frac{f(a+h)-f(a)}{h}$$

　즉 미분계수의 기하학적 의미는 다음과 같다. [그림 3]에서 살펴볼 수 있듯이 기울기는 평균 변화율이다. x의 변화량 Δx를 0에 가깝게 가면 [그림 4]에서와 같이 기울기가 변화한다. 그러다가 Δx가 0이 되는 그 순간의 기울기를 $f'(a)$라고 한다. 즉 $a, f(a)$라는 점에서의 접선(接線, tangent)이 된다. 다시 정리하자면 함수 $y=f(x)$에 대하여 $x=a$에서의 미분계수의 $f'(a)$는 곡선 $y=f(x)$ 위의 점 $P(a, f(a))$에서의 접선의 기울기를 의미한다.

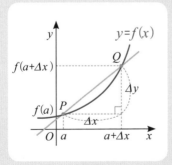

[그림 3]

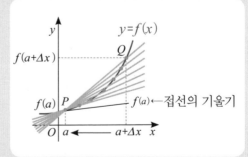

[그림 4]

접선은 한 점에서 만나는 점, 접하는 선을 의미하고 이를 접선이라고 한다. 정리하자면 접하는 점(tangent point)에서는 기울기가 바로 $f'(a)$이고 접선의 기울기는 순간변화율이다.

미분가능한 함수 $y = f(x)$의 정의역에 속하는 임의의 실수(實數, real number) x에 대하여 미분계수 $f'(x)$를 대응시켜 얻은 함수 $f' : x \rightarrow f'(x)$를 $f(x)$의 도함수(導函數, derived function)라고 한다.

1. 함수는 무엇입니까?

2. 미분과 적분의 개념은 왜 필요합니까?

3. 곡선의 기울기를 구할 때, 한 점을 고정하고 다른 한 점을 0에 가깝게 다가가게 하는 이유는 무엇입니까?

◉ 중요하다고 생각되는 용어를 찾아 정리해 봅시다.

☐ _____ : _____

☐ _____ : _____

☐ _____ : _____

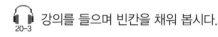 강의를 들으며 빈칸을 채워 봅시다.

1. 접선의 방정식을 어떻게 구하는지 살펴보자. 함수 $y = f(x)$에 의해서 주어지는 곡선이 (   ) 위에 놓여져 있다고 생각을 해보자. 이 곡선 c 위에 점 p를 잡자. 그 점 p에 x좌표를 a라고 하면 y좌표는 (   )가 된다. 이 점 p 주위에 또 다른 점 q를 잡겠다. 그 점 q에 x좌표를 여전히 x라고 두면 y좌표는 $f(x)$라는 값으로 주어지게 된다. 이 p와 q, 이 두 점을 잇는 (   )을 생각을 하고 그 할선을, (   )를 우리가 m이라고 표시를 하겠다. 이 기울기 m은 y값의 변화율을 x값의 변화로 (   )이 된다. 그 y값의 변화는 q점의 y값, $f(x)$와 p점의 x값, p점의 y값 $f(a)$의 차이, 즉 $f(x) - f(a)$가 된다. 그리고 x값의 변화는 q점의 x값 x와, p점의 x값 a의 차이인 $x - a$가 될 것이다. 이 (   )은 $\dfrac{f(x) - f(a)}{x - a}$라 바로 이 숫자가 할선 p와 q, p와 q를 잇는 할선의 기울기가 된다.

2. 이때 점 p를 고정시키고 점 q를 점 p에 가까이 보내도록 하겠다. 이 점 q가 점 p에 가까이 가면 갈수록 이 할선 p, q는 어떤 (   )으로 점점 다가가는 걸 관찰할 수가 있다. 여기 그림에서 보듯이 우리가 x, y 좌표 평면 위에 곡선 c, $y = f(x)$라는 (   )로 주어져 있는 이 곡선 c가 주어져 있고, 이 곡선 c 위에 점 p와 점 q를 잡고 점 q를 점 p로 가까이 보내는 과정을 통해서 우리가 오른쪽 그림에 나와 있는 대로 핑크색 라인을 얻게 된다. 정의에 의해서 이 핑크색 라인이 (   )이라 불린다.

3. 우리의 질문은 이 핑크색 라인 접선, 다시 말해 곡선 c 위에 점 p 위에서 우리가 생각할 수 있는 접선의 방정식을 어떻게 찾을 것인가라는 게 첫 번째 질문이다. 접선, 일반적으로 (   )은 그 직선이 포함하고 있는 한

점의 (　　　)와 그리고 그 직선의 (　　　), 이 두 가지 (　　　)만 있으면 구할 수가 있다. 앞서 우리가 고려했듯이 점 p의 좌표는 $(a, f(a))$로 (　　　)이 되어 있다. 이 접선의 방정식을 구하기 위해서는 이 (　　　　　)만 구하면 된다.

4. 이 접선이라고 하는 것은 (　　) p, q에 어떤 극한에 해당하는 그런 선이다. 다시 말해 접선 p의 기울기는 할선 p, q의 기울기의 (　　　)이라고 고려를 할 수가 있다. 할선 p, q의 기울기는 $f(x) - f(a)$를 $x - a$로 (　　　)이 된다. 그 다음, 여기서 할선 p, q가 (　　　)으로 이제 (　　　)라고 했으니까 우리가 점 q가 점 p로 다가간다고 했을 때 점 q의 x좌표인 x가 점 p의 x좌표인 a로 다가간다라고 이해를 할 수가 있다. 다시 말해 할선 p, q의 기울기 $\dfrac{f(x) - f(a)}{x - a}$ 를 x가 a로 다가갈 때의 (　　　). 그 극한값이 바로 우리가 구하고자 하는 접선의 기울기가 된다.

5. 그 기울기의 값을 우리가 m이라고 하겠다. (　　　　　) y는 $f(x)$ 위에 (　　　) $p(a, f(a))$를 잡고 (　　　　　　　) 그 접선의 기울기는 다음과 같이 주어지게 된다. $m = \dfrac{f(x) - f(a)}{x - a}$ 의 값을 x가 a로 (　　　)의 극한값으로 잡는다. 이 극한값이 만약 존재한다면 그 극한값이 바로 (　　　　　)로 정의를 하도록 하겠다.

6. 예를 한번 들어보도록 하겠다. $y = x^2$이라는 (　　　)을 생각을 하겠다. 이 포물선 위에 점 p를, 그 p의 좌표가 $(1, 1)$이 되도록 잡는다. 그 임의의 점과 점 $p(1, 1)$ (　　　　　　　), 이 할선의 기울기는 $f(x) - f(1)/x - 1$로 주어진다. 여기서 이 곡선은 $y = x^2$이라는 함수에서 주어지므로 $\dfrac{f(x) - f(1)}{x^2 - 1}$ 이 되고, 이 $x^2 - 1$을 다시 x의 (　　　)인 $x - 1$로 나눈 값은 $x + 1$이 된다. 이제 이 $x + 1$이라는 값을 x를 1로 (　　　)을 취해 주면 그 극한값은 우리가 잘 알다시피 2가 된다.

7. 일반적으로 직선의 방정식은 그 직선에 (   ) 있는 점의 (   )와 그 직선의 (   )만 알고 있으면 구할 수가 있다. 이 접선의 기울기는 2가 되고, 이 접선은 (   )에 의해서 점 $p(1,1)$을 지나게 된다. 따라서 이 접선의 방정식은 $y-1 = 2*(x-1)$, 여기서 2는 우리가 앞서 구한 접선의 기울기이다.

8. 이 접선의 방정식, 혹은 이 (   )이라고 하는 것은 원래 (   )하는 데 아주 중요한 요소가 된다. 곡선 $y=x^2$이 주어져 있고 그 곡선 위에 점 $p(1,1)$이 주어져 있다. 우리는 이 곡선의 성질을 특히 이 점$(1,1)$ 주위에서의 이 곡선의 성질을 공부를 하고 싶다. 이 곡선을 $(1,1)$ 주위에서 좀 더 확대해서 살펴보면 오른쪽, 맨 오른쪽 그림과 같이 거의 (   )을 알 수가 있다. 이 직선이라는 것이 바로 우리가 앞서 구한 접선이 된다. 다시 말해, $(1,1)$ 주위에서의 이 (   ), 어떤 특징 같은 것을 공부하기 위해서는 $(1,1)$이라는 점에서의 (   )만 연구를 하면 된다 라는 게 기본적인 철학이다.

9. 여기서 접선의 기울기를 구하는 식을 조금 더 다른 식으로 표현해 보도록 하겠다. 앞서 y의 (   )이 $f(x)-f(a)$가 되었는데 여기서 x와 a의 (   ), 즉 점 q와 점 p의 x좌표의 변화량을 우리가 다시 h라고 표시를 하겠다. 다시 말해 h는 $x-a$가 되고, 즉 $x=a+h$가 되므로 접선의 (   ) m은 f (   ) p,q의 기울기는 $\dfrac{f(a+h)-f(a)}{h}$ 가 되게 된다.

10. 이 할선의 기울기를 x가 a로 갈 때 극한값을 취해주는 것이 바로 접선의 기울기가 되었다. x가 a로 간다는 말은 h가 0으로 (   )이다. 따라서 앞서 우리가 살펴봤던 접선의 기울기 m은 다음과 같이 다시 쓰여지게 된다. $m=\dfrac{f(a+h)-f(a)}{h}$ 이 값을 h가 0으로 갈 때 (   )를 한다.

강의 동영상을 보면서 필기를 해 봅시다.

[20   년   월   일]

주제: 적분

1. 함수 $y = f(x)$의

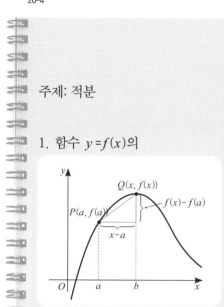

$$m_{PQ} = \frac{f(x) - f(a)}{x - a}$$

2. 적분의 정의

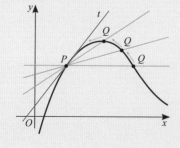

3. 접선의 방정식

1) 접선의 방정식 1

할선 p, q의 기울기 $f(x)-f(a)/x-a$를 x가 a로 다가 갈 때

접선의 기울기

> ① Definition   The tangent line to the curve y=f(x) at the point
> P(a,f(a)) is the line through P with slope provided that this limit
> exists.
>
> $$m = \lim_{x \to a} \frac{f(x) - f(a)}{x - a}$$

예시 문제) $y = x^2$이라는 포물선 위에 점p의 좌표가 (1,1)이 되도록
잡고, 이 점에서의 접선의 방정식을 구하라.

$$m = \lim_{x \to 1} \frac{f(x)-f(1)}{x-1} = \lim_{x \to 1} \frac{x^2-1}{x-1}$$

직선의 방정식

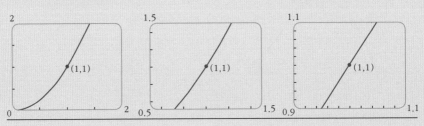

2) 접선의 방정식 2

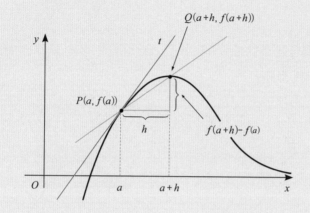

☞ 접선의 기울기:

❶ 다음은 '접선의 방정식'에 대한 슬라이드입니다. 슬라이드를 보고 '접선(Tangent)의 방정식'에 대해 발표해 봅시다.

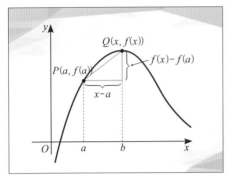

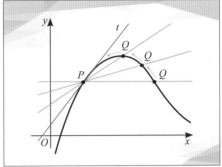

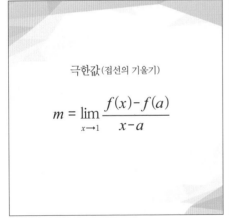

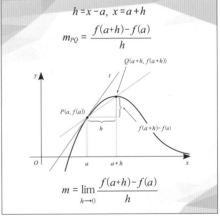

❷ 다음 방정식을 보고 '미분(Derivatives)/도함수'에 대해 설명해 봅시다.

$$f'(a) = \lim_{h \to 0} \frac{f(a+h) - f(a)}{h}$$
$$\lim_{x \to a} \frac{f(x) - f(a)}{x - a}$$

❷ 다음은 시험 문제입니다.

<table>
<tr><td colspan="3">20   학년도 제   학기</td><td colspan="2" style="text-align:center">**시험답안지**</td></tr>
</table>

과목명		학위과정	학사/석사/박사/석·박사 통합	담당교수명	

대학 학부(과) 학년	학번 번	성명	검인

함수 $f(x) = x^2 + 4x$ 위의 점 $(1, 3)$ 에서의 접선의 기울기를 구하시오.	성적

제1과 다양한 가족의 이해

1. 혈연, 입양, 결혼/장기적 헌신과 역할 수행/공동의 삶
2. 공동체 가족/혈연 중심/삶의 목적/개인 및 가족들의 복합체
3. 편부모 가족/사회적 편견/한부모 가족/사망, 이혼, 별거
4. 배우자 한쪽/결혼한 경험
5. 급격한 사회 변화/가족 형태/비동거 가족
6. 핵가족/자녀의 학업
7. 국적/형성/실태 조사/전체 가구
8. 가족의 변화/적극적으로 수용/틀의 전환/시각
9. 다양함을 인정/인식/개선
10. 외적 구조/다양한 형태/친밀감/제 기능을 수행/건강가족

제2과 학문 윤리와 표절

1. 훔치는 행위
2. 사전에 허락을 받지/출처/신뢰성의 문제/지적 사기
3. 창의성을 저해/창의적이거나 독창적
4. 공로와 노력/인용한 내용의 출처/연구와 공로를 인정
5. 도덕성을 훼손/자기 표절/베낀 것
6. 완전히 도용/원문의 자료/자신의 견해
7. 극소수의 파렴치한 학생들/교묘한 방식
8. 근거 없이/중요 개념/구성이나 구조를 차용
9. 아무런 인용 없이/자기의 글의 한 부분/인용문 형태/각주를 달아
10. 다양한 참고 자료/바른 선택과 정직한 인용/도용한 글
11. 각주와 참고 문헌
12. 신뢰성을 부정/정직성과 윤리성, 도덕성

제3과 인류사를 바꾼 문화 혁명

1. 도시 혁명/시간과 거리와의 한계
2. 산업혁명/기계/생산성
3. 인터넷 혁명/인간의 삶/은행이나 학교/컴퓨터 하나/변혁적인 사건
4. 물리적/시간적/컴퓨터 공간
5. 컴퓨터 하나 안/유비쿼터스 혁명
6. 생명체/유비쿼터스 혁명/입체적인 공간/제3의 공간
7. 하이퍼스페이스/편리/즉각적인 도움
8. 유비쿼터스의 기술/발전/지속적으로 영향

제4과 의사소통의 이해

강의 듣기 ❶

1. 의사소통/하나의 방식/수단/의미 전달력에 한계
2. 추상적인 개념/표현의 제약
3. 기본적인 본질/구성 요소/실현 환경 또는 조건/종류
4. 의미/형태/전달 내용/정보/품고 있는 생각
5. 형태/의미를 전달
6. 어휘적 의미/문법적 기능/실질적인 의미
7. 주어 역할/표시/의미/기능
8. 형태/음성적인 형태/문법적인 형태/소리로 전달/문자로 전달
9. 소리/글자/같을 수도 있고 다를 수도

강의 듣기 ❷

1. 사상을 전달 / 매개체 / 어미의 쓰임
2. 소리로 전달 / 발음 / 표준발음 / 현대 사람들 / 교양 있는 사람들 / 서울말
3. 똑같이 정보를 받아들이지 않기 / 의사소통에 문제
4. 매개체가 문자이기 / 독자의 입장
5. 단어가 가지고 있는 의미의 합
6. 음성언어 / 음성이 정확하지 않으면
7. 역지사지 / 상대방한테 어떤 영향
8. 오타를 줄여야 / 의미전달력 / 띄어쓰기 / 의미 전달이 정확하지
9. 표기와 띄어쓰기 / 독자 / 언어생활
10. 청자를 고려 / 독자를 고려

제5과 한국어의 특질

강의 듣기 ❶

1. 발음기관을 상형 / 가획의 원리
2. 혀끝 / 'ㄴ'자의 모습 / 이체자
3. 입의 모양 / 가획의 원리 / 'ㅂ'과, 'ㅍ'
4. 이의 모양 / 'ㅈ'자 / 'ㅊ'자 / 이체자
5. 목구멍 / 가획자 / 나왔다
6. 천지인을 상형 / 상형의 원리
7. 하늘 모양 / 땅의 모양 / 사람의 모양
8. 가획의 원리 / 결합 / 복모음

강의 듣기 ❷

1. 글자의 이름 / 언어의 이름 / 한국인이 사용하는 언어 / 형태상 / 계통적 / 한글 / 고유 문자의 이름 / 표기 / 창제
2. 명칭 / 주시경 / 한국의 '한' / 훈민정음 / 언문
3. 제작 시기와 제작자 / 명시적 / 발생적
4. 제정 / 가갸날 / 한글날 / 제정
5. 독창적 / 문자적 계보 / 계통적 / 제자 원리
6. 문자 분류적 / 자모문자
7. 구성적 / 배열적 / 조직성 / 'ㅌ' / 'ㅊ' / 거센소

리가 첨가 / 'ㄲ' / 'ㅃ' / 된소리
8. 음절 / 모아쓰기 / 배열 / 가독성 / 편리성을 증대

제6과 영화의 기법

강의 듣기 ❶

1. 피사체 / 위치 / 카메라 앵글
2. 시선 / 동질감 / 몰입
3. 왜소 / 환경 / 조건
4. 올려다보는 것 / 위협적
5. 청각적 요소 / 대사
6. 음향 / 효과 / 청각적 요소
7. 음악 / 의미와 분위기
8. 화면 밖 / 소리의 진원지 / 불가시
9. 음향과 이미지 / 겹쳐진다 / 가시음향 / 발견
10. 의도 / 소리가 사라지 / 집중 / 묵음
11. 볼륨 / 크기 / 의도에 따른
12. 높게 / 높낮이를 조절 / 피치
13. 음색 / 악기 / 음향 효과 / 목소리의 색깔
14. 체험의 증폭 / 체감 / 소리가 들어갔을 때
15. 제한, 제약 / 극복 / 확장 / 기능

강의 듣기 ❷

1. 예술성을 확보 / 편집의 과정 / 미학
2. 결합 / 연결 / 편집
3. 구성 / 서사 / 구축 / 줄거리
4. 연속 편집 / 편집한 티 / 자연스럽게 / 연결 / 보편적
5. 같은 공간 / 인물 / 시간대 / 다르게 편집 / 의도적 / 충돌 / 인지
6. 같은 시간대 / 다른 공간 / 병렬적 / 편집 방식
7. 이미지들 / 쇼트들 / 조합 / 개념을 공유 / 미학
8. 활용 / 의미 / 달라지 / 특징
9. 어떤 순서 / 배치 / 반대

10. 상반된 이미지/연속적/배합/인과성/나
    란히 배치/정반합/변증법적 논리
11. 자연스럽게/의도
12. 의미/구성/제작/감독판/의도에 따라서

제7과 미술 치료의 이해

강의 듣기 ❶

1. 마음을 치료/통합/미술 치료
2. 사람의 마음을 치료/심리적인 갈등/억압
   된 감정
3. 매개/미술활동/성장과 삶의 발전을 추구
4. 제3의 대상/조형화시켜서/내 자신의 내면
5. 거리를 두고/객관적으로/계기
6. 시각적인 심상/글이나 메시지/시각적인
   이미지
7. 정신증을 앓고 있는 환자/치료적인 효과/
   창시
8. 하나의 도구/매개/심리 치료/치료의 과
   정/창조의 작업
9. 창조 작업/치유의 능력/심리 치료/치유
   가 되는 과정
10. 무조건 치료가 되는 것은 아니기
11. 창조 작업이 이루어지느냐/따뜻한 마음으
    로 공감/지지

강의 듣기 ❷

1. 무의식적 갈등/심리적 갈등/의식 차원/
   감각의 차원
2. 내면의 시각화/자신의 마음/방어가 감소
3. 거리를 두고/심리 치료/속성
4. 보유/어떤 좌절이나 저항/버텨줘야
5. 심미감/마음의 진실/완성을 하는 것
6. 감정이 표현/진실한 마음/미술작업/완
   성/어려운 과정을 넘기고/따뜻하게 보유
7. 제3의 객체/객관적으로 바라볼/언어/조
   금 더 빠른 시간

8. 감각적/방어들이 감소/위험한 그림/안전
   한 방법
9. 작품/마음을 바라보기/표출/대상
10. 중요한 관계/심리적인 갈등/전이/전이/
    안전한 방법으로 해소/전이가 해소
11. 기억을 떠올리기/보존의 역할

제8과 패션 디자인 입문

강의 듣기 ❶

1. 학술적/패션계/시즌
2. 강렬한 분홍색/유래/신조어/전문적인 용
   어
3. 인체를 장식/지칭/역사적 의복
4. 개인적, 사회적, 심리적 가치 평가/개념
5. 역할과 활동/특정 분야
6. 변화하는 유행/논리적이나 추상적/취향
7. 상황이나 맥락/해석과 사용
8. 어원/유래/행위나 활동
9. 사회 전반/광범위하게 유행/생활양식
10. 생활 전반/머리끝에서 발끝/유행이라는
    의미
11. 물질적인 수단/삶의 방식/문화적 영향
    력/상징체
12. 특정 문화를 대변하는 상징체/사회적 약속
13. 사회적 약속/제안/격려

강의 듣기 ❷

1. 선언적인 표현/무에서 새롭게 창조/전개
   되고 발전된다
2. 기하학적인 형태/인체의 모양을 모방한 입
   체/평면
3. 인체의 선/과장되어서 인위적인 것/평면-
   입체-평면
4. 몸에 감는 형태
5. 인체의 형태를 고려/두 손의 활동이 가능
6. 원형이 그대로 유지

7. 모방하고 재현 / 구조적으로 분석
8. 소재의 기술 / 제2의 피부 / 기능적인 옷
9. 복식 / 사회적 지위나 명예 등을 과시 / 신분의 차이
10. 기능적인 단위 / 구성

제9과 사회학 입문

강의 듣기 ❶

1. 사회 질서 / 문제
2. 미시적인 측면 / 상호작용 / 사회 구조 / 거시적
3. 사회 질서가 형성 / 지속적으로 변화 / 사회 변동
4. 경제적 동물 / 사회적 존재
5. 사고 / 마음 속의 태도 / 겉으로 동작 / 의미 / 사회적 행위
6. 상대방 / 어떤 의미 / 반사적인 행위
7. 행위를 주고받는 당사자 / 해석 / 문제 / 사회 질서 유지 / 미시적 관점 / 이론적

강의 듣기 ❷

1. 결합되어 있는 용어 / 학문 / 사회 / 사회를 연구하는 학문
2. 사회적 삶 / 인간 집단 / 사회 / 다양한 삶의 모습
3. 산업 혁명 / 학술적 / 현대 사회 / 전산업사회 / 학문적으로 형성
4. 학문 영역 / 학문 갈래 / 사회 현상 전반 / 과학적 탐구
5. 자연 현상 / 학문 분야
6. 연구의 대상 / 분류 / 비유 / 말랑말랑한 과학 / 견고한 과학
7. 자연 현상 / 화학적인 / 법칙성의 정도 / 견고
8. 일반적인 사회 현상 / 연구의 대상 / 기본 원리나 법칙 / 작동 / 물렁한 과학
9. 기초 학문 분야 / 응용 학문 분야

10. 세부적인 학문 연구 / 연구 영역 / 응용적인 전문성
11. 포괄적 / 학제 간 연구 / 다양한 시각 / 통합적으로 연구하는 경향 / 응용될 수 있는 가능성
12. 농업에 종사 / 농업 사회 / 산업 생산 / 노동자 / 사회 계층
13. 자기중심적인 존재 / 자기의 이익 / 만인에 대한 투쟁 상태 / 질서가 유지
14. 도시 국가 / 희미한 형체의 괴물 / 괴물과 같은 존재 / 억제 / 공동체와 사회를 유지

제10과 신문 방송학의 이해

강의 듣기 ❶

1. 개인 미디어 / 신문과 방송 / 대체
2. 대칭 / 라디오와 TV / 방송
3. 대량 복제 / 복제된 메시지 / 어떤 형태
4. 인간 기능의 확장 / 다리 기능의 연장
5. 눈의 확장 / 피부의 확장 / 연산 기능의 확장
6. 첨단 테크놀로지 / 인간 기능의 확장 / 소멸 / 미디어 테크놀로지
7. 라디오, TV, 신문, 스마트폰, 인터넷
8. 눈의 확장 / 눈과 귀의 확장 / 피드백의 확장
9. 눈과 귀 / 피드백 / 미각 또는 촉각
10. 오감으로 느끼는 범위 / 전세계적 / 확장 / 오감

강의 듣기 ❷

1. 인간 기능 / 기능 / 인간 가치의 확장
2. 이행 / 경쟁력 / 피부 기능
3. 나의 확장 / 자동차 테크놀로지 / 가치 확장
4. 영혼을 불러 일으켜서 / 연구
5. 인문과학 / 종합과학
6. 전제 / 인문사회과학 / 자연과학적 성격
7. 미디어 / 인간 커뮤니케이션 / 인문과학적 성격 / 사회적 영향력 / 사회과학적 성격
8. 순수 학문적 / 응용 학문

9. 인간 커뮤니케이션/매스 미디어학/미디어 효과/뉴미디어/미디어 산업/저널리즘학/광고 및 홍보 교육
10. 정치적 수사/두 그룹의 애국자/찬성/반대/방법론/과학적 분석력
11. 코드 읽기/코드 쓰기
12. 코드 읽기/인문적 상상력/소비자의 코드/텍스트 구성/예술적 표현력

제11과 이상 심리학의 기초

강의 듣기 ❶

1. 정신 장애/진단/동의 정도
2. 수행/타당도
3. 대상/연구 참가자들/가짜 환자 역할/환청/증상/면담/정신분열증 진단
4. 입원/정상적으로 행동/퇴원/접촉 기회/관찰/진단된 병명/왜곡
5. 가짜 환자/내원/연구 결과/진단
6. 낙인 효과/정상적인 행동/왜곡/해석
7. 신체 질병/전문가/신중성/동의 정도/인식/일반인들/인지

강의 듣기 ❷

1. 이상 행동/과목명/심리학 분야/이상 심리학
2. 보편적/이탈/사회 규범/일탈 행동/이상 행동
3. 볼일/표지판/이상행동의 정의
4. 부적응 행동/종사자/심리건강 전문가/자신이나 타인/신체적인 해/정신적인 해
5. 정상적인 사람/이상행동/정신장애를 가진 사람/정상 행동
6. 해가 될/사회적 손상/대인 관계/직업적 손상/학업/정신적 고통/정신병 증상/현실 검증력/구분/부재한 상태
7. 현실/망상/동떨어진/정신병적인 증상

8. 정신 장애의 진단 및 통계편람/조건을 만족/환자/증상/강도/빈도
9. 분류 체계/상위 범주/하위 장애
10. 외상적 사건/트라우마/악몽/사건을 상기/실마리/부적응적인 모습

제12과 사회 복지학 개론

강의 듣기 ❶

1. 실천의 목적/삶의 질을 향상/사회 구성원
2. 복지 혜택/복지 정책/전달 체계
3. 선별 작업/기준/최저 생계를 유지/의식주를 해결/소득 수준/빈곤선
4. 사회적 구조/가난한 상태/강자/저임금 상태/착취/사회적 정의
5. 기회의 평등, 조건의 평등, 결과의 평등
6. 동일한 기회/자격 제한/조건의 평등/출발선/자금력을 동원/조건/조건을 평등/우수한 사람을 선발
7. 균형점/약자/사회적으로 형평
8. 권익 옹호/역량 강화/사회적 약자/사회복지사/약한 위치/힘을 부여/사회 발전에 기여/개입/사회의 부조리/모순/개입 또 조정

강의 듣기 ❷

1. 사회적 안녕 상태/복지 상태/총체적인 제도/구조화하고 실천
2. 정책/나라의 틀/사회 보험/사회부조
3. 짜여진 구조/운영의 실적/운영 체계 시스템/인력의 효율성/비영리 기구의 운영 전략
4. 해결/사회복지사/현장/돕는/사회 복지 실천
5. 경제 활동/소득의 일부/위기/실업 상태/틀 또는 제도/사회 보험
6. 일정 부분/은퇴/발생/금액/2배 내지/연

금 / 연금관리공단 / 배분 / 자영업자 / 국민
연금 / 혜택 / 보호
7. 실업 보험 / 직장을 잃어버렸을 때 / 생업이
막연 / 고용 보험
8. 산업 현장 / 재해 / 사회가 부담
9. 수술 / 비용 / 개인이 감당할 수준 / 경감 / 의
료 건강보험
10. 복지선진국 / 최소화 / 최대화하는 방향 / 체제
11. 기초 생활 / 국민의 세금 / 사회 부조 / 국민
기초 생활 보장
12. 집단 / 집단 사회사업

제13과 다국적 기업과 경영 전략

강의 듣기 ❶

1. 해외 시장에 진출 / 지식과 자원몰입의 상호
관계
2. 거리감 / 물리적 거리 / 심리적 거리
3. 조직적인 학습 / 시간 / 비용
4. 지식이 많다고 / 진출 / 자원 / 현지 시장에
몰입 / 자원을 투자
5. 자원 몰입 활동 / 비즈니스 활동
6. 경험 / 축적 / 노하우 / 지식 / 몰입 / 지식이 축
적 / 조금 더 먼 곳 / 지식 / 노하우 / 물리적으
로 멀거나 심리적으로 먼 거리 / 자원 투입 /
지식 / 선순환
7. 해외 시장 / 계단
8. 간접 수출 경험 / 활동 양태 / 직접 수출 / 수
출 경험 / 한 단계 / 자원 / 적극적인 비즈니
스 / 전략적 제휴 / 손잡고 / 활동 / 수출 수
준 / 이상
9. 설립 / 합작 기업 / 지분의 구조 / 낮은 형태 /
투입한 자원의 양 / 경영 활동
10. 최종 단계 / 해외 직접 투자 / 가장 높은 수
준 / 완전자회사 / 지분의 100% / 설립
11. 투입 / 경험과 노하우 / 지식 / 선순환 관계 /
간접 수출 / 계단 / 몰입도 / 단계 이론 / 지식

과 자원몰입의 긍정적인 선순환

강의 듣기 ❷

1. 낯선 환경 / 적응 / 전략을 잘 수립 / 의사 결
정 / 경영진
2. 높고 / 높은 / 높은데 / 낮은 / 낮은 / 높지만 /
낮은
3. 전략의 이름 / 공통적으로 / 초국적 전략 / 글
로벌 전략 / 국제화 전략 / 다국적 전략
4. 높은 / 비용에 대한 압력 / 낮은 / 현지화에
대한 압력
5. 생산하는 제품 / 화장품 / 기후 / 풍토 / 현지
특성 / 제품 / 비용 압력 / 현지화 압력 / 대규
모 생산 / 다운 / 줄이는
6. 분권화 / 조직 구조 / 권한 / 통제 수준 / 현지
를 통제 / 의사 결정 / M전략 / 본사 / 점선 /
굵은 선 / 높은 수준 / 인적 자원
7. 권한 / 기획 / 설계 / 운반 / 판매 / 관리 / 보고 /
비용을 절감 / 싼값 / 공급 / 실현 / 가격 경쟁
우위
8. 본사 / 자회사 / 네트워크 형태 / 분권형 / 수
평적 관계 / 현지 특성을 반영 / 의사 결정 /
상황 / 자원의 교환 / 거치지 / 조달 / 최적화
된 지역

제14과 경영 환경의 변화

강의 듣기 ❶

1. 1차원적 다양성 / 표면적 다양성 / 2차원적
다양성 / 심층적
2. 특질 / 연령 / 성별 / 인종 / 구성하는 요인들 /
관찰 / 용이 / 변경
3. 정보 / 인지적인 노력 / 소득 수준 / 종교 / 경
력 / 사회적인 특질 / 후천적으로 획득한 특
질
4. 다양한 연령대의 조직원 / 연령 다양성 / 고
령 근로자 / 고정관념 / 차별 / 편견 / 성과

5. 경험 / 상황 판단력 / 의사 결정 / 성실한 근무 태도
6. 세대 간 교류 / 신입 사원 / 멘토와 멘티 / 장점 / 교류 / 유도
7. 신입 사원 / 멘토 / 기존 / 고령 / 새로운 기술 / 세대 간 격차
8. 소수 집단 / 고위직 승진 / 일종의 장벽 / 가시적 / 공식적 / 중간 관리자 직급 / 조직 내 고위직
9. 노동력 / 인종 다양성 / 문화적 다양성 / 노동 이동성
10. 존중 / 관리 / 성과 / 다양성 문화 / 교육 / 서로 다름 / 재능, 관점, 배경 / 적극 활용 / 다양한 관점 / 창의적인 아이디어
11. 소수 집단의 특징 / 차별하지 않는다 / 동기 부여 / 직무 몰입 / 조직 충성도 / 조직의 생산성 / 성과
12. 최고경영진 / 설문 / 경험치를 활용 / 전략 / 개발 / 혁신을 증대 / 인재를 채용

강의 듣기 ❷

1. 기업을 운영 / 변화
2. 적응 / 예측
3. 진출 / 해외시장을 겨냥 / 경쟁
4. 조직원 / 제품이나 서비스 / 고객
5. 새로운 기술 / 습득 / 기업의 경쟁력
6. 기업의 지도자 / 잣대 / 조직 환경
7. 조직과 조직원 / 새로운 형태의 고용관계
8. 경쟁 업체 / 해외 업체 / 성장 / 인수합병 / 조직을 인수 / 조직과 통합
9. 해외에 있는 고객들 / 커뮤니케이션 기술 / 해외에 있는 동료들
10. 포화 / 내수시장 / 성장 / 한계 / 값싼 노동력 / 효율성 / 비용을 절감
11. 자동차 업계 / 경쟁 / 국제적 경쟁 / 강화
12. 구성원 / 국제화 / 통신기술 / 이직 / 노동인구
13. 범주화 / 고정관념 / 편견

14. 인지적인 / 정보 수집 / 고유한 능력
15. 고정관념과 편견 / 편협한 의사결정
16. 지식과 도구와 기능 / 조직, 특정 기업이 알고 있는 지식 / 기계적인 / 기능
17. 관찰 / 활용 / 기존의 서비스 / 향상 / 비용을 절감
18. 옳고 그른 행동 / 신념 / 경영진들 / 윤리적으로 행동 / 정책 / 전략 / 행동 / 윤리경영 / 윤리적인 요인 / 지속 가능한 발전 / 경영 방법
19. 존경받는 기업 / 충성하는
20. 지식 / 기술력 / 조직 성과
21. 지식과 기술 / 경쟁력 / 개발
22. 4차 혁명 / 특정 기업 / 자신만의 가치 / 다양한 조직
23. 아웃소싱 / 넘겨주는
24. 상근 근무 / 계약서
25. 고용 안정성 / 조직의 비용

제15과 미시 경제학

강의 듣기 ❶

1. 그림 / 경제 순환도
2. 경제 주체 범주 / 개인 / 가계 / 기업
3. 재화 서비스 / 생산물 / 소비 / 대가 / 생산물 / 고용 / 노동, 토지, 자본 / 생산 요소 / 임금, 지대, 이자 / 소유자 / 소득
4. 물질의 흐름 / 화폐의 흐름 / 신호등 역할 / 가격
5. 요소 / 가치 이론 / 가치 이론의 역사
6. 효용 / 재화를 소비 / 만족도 / 효용이 기수적 / 수치 / 재화 소비 / 효용 수치 / 도출 / 한계 효용 체감 / 한계 효용 균등화
7. 재화 소비 / 총효용 / 증가 / 총효용 / 추가 / 효용의 증가분 / 감소 / 한계 효용 체감의 법칙 / 자연적인 법칙
8. 합리적인 소비자 / 극대화 / 준칙 / 균등화 / 한계 효용 / 가격 / 같도록 / 극대화

강의 듣기 ❷

1. 공급자 / 제품 / 상품 / 동질적 / 이질적
2. 무수히 많이 존재 / 동질적인 상품 / 제품 차별화
3. 누구나 진입 / 누구나 나갈 / 진입과 퇴출의 자유
4. 경쟁 시장 / 정보가 완전 / 대칭성
5. 시장 가격 / 미치지 / 수용자 / 한계 수입 / 이윤 / 극대화 / 한계 수입 / 한계 비용 / 한계 수입 / 한계 비용 / 가격 / 가격을 결정 / 공정 / 이상적인
6. 하나 / 독점 / 이유 / 생산 요소 / 자원들 / 우월성 / 비용상 우위 / 규모의 경제 / 자연 독점성 / 지적 소유권 / 인·허가 / 사업권
7. 경쟁 시장 / 가격 설정자 / 한계 수입 / 높은 / 일치 / 한계 비용 / 높게 / 높고 / 비효율적인
8. 상당히 많은 / 제품 차별화 / 선호 / 부재
9. 성공 / 차별화의 정도 / 부풀려서 선전 / 광고 / 작은 기업 / 전단지 / 경직적
10. 소규모 / 충족 / 장점
11. 평균 비용 / 장기 균형 / 설비 / 한계 비용 / 높고 / 유효 설비 / 비효율적
12. 10개 미만 / 진입 장벽 / 선호 / 규모의 경제 / 비대칭적 / 시장 지배력 / 출혈 경쟁 / 공동 행위 / 담합 / 매길 / 생산할 / 명시적 / 합의 / 결합 이윤을 극대화

제16과 거시 경제학

강의 듣기 ❶

1. 가계 / 기업 / 정부 / 경제 주체 / 선택 / 영향을 미치고 있는지 / 학문
2. 자원 / 자본과 노동과 토지 / 생산 / 최적의 선택
3. 불황 / 발생 / 정부의 역할 / 거시 경제학 / 이슈
4. 경제 성장의 원동력 / 소득의 차이 / 경제 성

장 / 삶의 질의 차이 / 소득이 높은 나라 / 거시 경제학
5. 정부 재정 적자 / 가계와 기업 / 재정 적자 / 불황을 타계 / 소득 불균형을 해소 / 정부의 정책 / 생산 활동
6. 지출 / 가격이라는 변수 / 물가 / 전반적인 가격 수준 / 경향 / 경제 상황 / 변동
7. 실업 / 변동이 심하며 / 실업이 존재
8. 주요 이슈 / 무역 불균형 / 무역 적자 / 후생

강의 듣기 ❷

1. 경제 이슈 / 거시 경제학 / 경제 모형
2. 실제의 경제 구조 / 단순화 / 경제적인 주요 이슈 / 경제 모형 / 경제적인 변수 / 변수 / 경제 성장 / 구조적인 관계
3. 변수 / 삶의 질을 측정 / 소득 수준 / 내생 변수
4. 외생 변수 / 외부 / 변수
5. 외생 변수 / 내생 변수
6. 단 하나의 모형 / 적합 / 활용 / 각 모형 / 가정 / 현실적 / 적절한 가정 / 내생 변수 / 외부 / 외생 변수
7. 가정 / 신축적 / 가격이 경직적 / 가격에 대한 가정 / 함의점 / 역할을 담당
8. 경직 / 경제 환경 / 단기 / 가격 / 경제 충격 / 수요량과 공급량 / 실업이 발생 / 초과 수요 / 과소 공급
9. 신축적 / 신축적인 가격 변동 / 항상 일치 / 균형 상태
10. 대부분의 가격 / 경직적 / 단기적인 상황 / 상정 / 신축적 / 장기 / 장기 / 작동 / 이론 체계 / 고전적인 이론
11. 초창기 / 경제 성장 이론 / 생활 수준 / 변화 / 성장의 요인
12. 단기적 / 경직적 / 경제 충격 / 환경의 변화 / 불황이 발생 / 경기 변동 / 경기 변동 이론 / 경기 변동 / 최소화

제17과 빅데이터

강의 듣기 ❶

1. 디지털 / 짧은 생성 주기 / 초과하는 규모
2. 규모 / 범위를 초과
3. 업무 수행 / 가치 / 수집, 발굴, 분석 / 차세대
4. 가치가 큰 것 / 결과 분석 / 요구
5. 요소 / 데이터의 양
6. 단위 / 조절 / 분석
7. 수집 / 저장 / 분석 / 실시간 / 빈도 및 갱신
8. 반정형 / 비정형 / 다양성
9. 다양성 / 크기 / 속도 / 수집, 저장, 관리, 분석

강의 듣기 ❷

1. 4단계 / 수집 / 내부적 / 외부
2. 저장 / 식별 / 유효데이터
3. 분석 / 키워드 / 추출 / 통계
4. 활용 / 시각화 / 결과를 시각화
5. 핵심 요소 / 자원 / 인력 / 기술
6. 데이터 분석가 / 저장 / 기술
7. 정기적 / 예측 가능한 처리 / 농부형 / 통계학자적 / 주장 / 가설 / 타당성 / 광부형
8. 요구 사항 / 무작위 / 조사 / 모니터링 / 가치 / 여행가형
9. 비정기적 / 관계성 / 탐구 / 통계적 / 연관규칙학습 / 연관성 / 그룹화
10. 탐색 / 알고리즘 / 변형 / 생성 / 진화 과정
11. 관련성 / 예측 / 변수 / 방향성
12. 분류 / 기준 / 분석
13. 인공 지능 / 기계 학습 / 예측 / 대치
14. 사회관계망
15. 감성 분석 / 특정한 이미지 / 생각이 무엇인지

제18과 유비쿼터스 컴퓨팅

강의 듣기 ❶

1. 요소 기술 / 핵심적인 기능
2. 대용량 / 기관 / 하나의 컴퓨터 / 많은 사람 / 지원
3. 보편적 / 모든 사람 / 소유 / 자기 컴퓨터 / 사용
4. 위치 / 사용성 / 줄어든 추세
5. 인간의 몸 / 사용 / 발전
6. 한 사람의 몸 / 여러 개의 컴퓨터 / 모든 주변 / 작용

강의 듣기 ❷

1. 대상물 / 인식 / 필요한 정보 / 불러와 / 발전
2. 떨어져 있는 / 전송 / 인화 / 보내 / 편리
3. 교통 시스템 / 편리성 / 제공
4. 자동적으로 판별 / 정보를 보내 / 집에 배달
5. 네트워크로 연결 / 자동적 / 최적으로 컨트롤 / 지능적인 판단 / 들어가 있기 / 판단 / 결정 / 작업
6. 5가지 특성 / 개념을 제안
7. 분산 / 연결 / 협력 / 기능을 제공
8. 상호작용 / 행동 패턴 / 상황을 인지 / 자율적 / 작용
9. 현재 상황을 인지 / 최적의 서비스 / 자율적
10. 지능적 / 인공지능
11. 세 가지의 환경 / 물질적인 공간
12. 사람들의 공간 / 중요한 주체
13. 장치들이 모여 / 세 가지 공간 / 지원 / 상호작용 / 유비쿼터스 컴퓨팅
14. 운용 / 취합이 된 정보 / 기술이 녹아 들어가

제19과 생태계 그리고 광합성과 호흡

강의 듣기 ❶

1. 4개나 5단계 / 10단계
2. 광합성 / 식물의 일종 / 생체량 / 몸무게의 합
3. 생체량 / 줄게 / 에너지 / 이동 / 배설 / 에너지효율 / 에너지 이동 / 효율
4. 상위 단계 / 포식자들 / 영양분 / 지구 생태계 / 먹이 사슬
5. 소비자들 / 찌꺼기들 / 분해자 / 생명체 / 먹이

사슬이 형성
6. 먹이 / 생태계 / 양분의 이동
7. 유지 / 위에서 / 산소도 부족 / 경쟁 / 적정 농
   도를 유지
8. 상호 견제 / 안정된 생태계 / 형성

강의 듣기 ❷

1. 빛 / 영양분 / 식물 / 간단한 화학식 / 이산화
   탄소 / 물 / 빛 / 에너지 / 이산화탄소 / 영양 물
   질
2. 탄수화물, 단백질, 지질 / 분자량 / 원자들 간
   의 결합 / 결합 에너지
3. 흔한 이런 물질 / 양분들 / 먹잇감 / 산소 / 광
   합성
4. 양성자 / 중성자 / 원자핵 / 원자 / 전자 / 아주
   가벼운 물질
5. 에너지가 많은 / 물질 / 산소 / 이동 / 에너지
   가 높은 물질 / 과정 / 생명
6. 세포 안 / 호흡 현상 / 몸 전체 / 외호흡 / 산소
   를 들이마시고 / 이산화탄소
7. 호흡에서는 사용 / 광합성 과정 / 만들어지고
   / 일정 농도 / 이산화탄소 / 호흡을 통해서는
   생성 / 광합성 / 사용 / 대기 중에 있는 농도
8. 엽록체 / 세포 기관 / 광합성 반응 / 박테리아

8. 곡선 / x 좌표 / 접선의 기울기 / 대입 / 예제 /
   얻을

강의 듣기 ❷

1. 좌표 평면 / f(a) / 할선 / 할선의 기울기 / 나눈
   값 / 두 값의 비율
2. 특정한 선 / 함수의 그래프 / 접선
3. 직선의 방정식 / 좌표 / 기울기 / 요소 / 고정 /
   접선의 기울기
4. 할선 / 극한 / 나눈 값 / 접선 / 다가간다 / 극한
   값
5. 곡선 / 한 점 / 그 점에서의 접선을 고려할
   때 / 다가갈 때 / 접선의 기울기
6. 포물선 / 사이를 잇는 직선 / 변화량 / 보내는
   극한
7. 포함되어 / 좌표 / 기울기 / 정의
8. 접선 / 주어져 있던 곡선을 연구 / 직선과 일
   치함 / 곡선의 행동 / 접선의 성질
9. 변화량 / 차이 / 기울기 / 할선
10. 간다는 것과 동치 / 극한값으로 정의

제20과 접선의 방정식

강의 듣기 ❶

1. 주어졌을 때 / 잡았을 때 / 잇는 직선
2. 나눈 값 / 보내주는 극한 / 극한 과정 / 대응
   되는 / 함수 / 도함수
3. 극한값
4. 존재할 / 미분 / 도함수
5. 보낼 때 / 동치
6. 도함수 / 풀어쓰면 / 표시 / 보내주는 / 극한값
7. 특정한 값 / 함수의 값 / 극한

강의 목록

※ 강의 촬영에 협조해 주신 교수님들께 감사를 드립니다.

1과	다양한 가족의 이해	전 성균관대학교 소비자가족학과 한상금 교수
2과	학문 윤리와 표절	성균관대학교 학부대학 김경훤 교수
3과	인류사를 바꾼 문화 혁명	성균관대학교 컴퓨터공학과 윤희용 교수
4과	의사소통의 이해	성균관대학교 학부대학 오광근 교수
5과	한국어의 특질	성균관대학교 학부대학 김경훤 교수
6과	영화의 기법	성균관대학교 학부대학 배선애 교수
7과	미술 치료의 이해	서울디지털대학교 회화과 홍지영 교수
8과	패션 디자인 입문	덕성여자대학교 의상디자인학과 박현신 교수
9과	사회학 입문	성균관대학교 사회학과 유홍준 교수
10과	신문 방송학의 이해	성균관대학교 신문방송학과 김정탁 교수
11과	이상 심리학의 기초	덕성여자대학교 심리학과 김미리혜 교수
12과	사회 복지학 개론	성균관대학교 사회복지학과 엄명용 교수
13과	다국적 기업과 경영 전략	덕성여자대학교 국제통상학과 조연성 교수
14과	경영 환경의 변화	성균관대학교 글로벌경영학과 신지선 교수
15과	미시 경제학	성균관대학교 경제학과 김석호 교수
16과	거시 경제학	성균관대학교 경제학과 김영세 교수
17과	빅데이터	성균관대학교 컴퓨터교육학과 한옥영 교수
18과	유비쿼터스 컴퓨팅	성균관대학교 컴퓨터공학과 윤희용 교수
19과	생태계 그리고 광합성과 호흡	성균관대학교 생명과학과 이우성 교수
20과	접선의 방정식	성균관대학교 수학과 허석문 교수